廣列仙傳

第一輯
第5册

廣列仙傳

第4種 正編

（新編）廣列仙傳目錄

（原）廣列仙傳目錄

廣列仙傳序

明少谷山人張文介撰

嘗觀魏文帝典論有云年壽有時而盡榮樂止乎其身二者必至之常期未若文章之無窮味斯言也豈非念吾生之匪易不應偕草木而齊彫假文辭以寄聲將與天地而同永哉是誠高論何謂狂談然要之終為虛名而已於吾身何

盃也張季鷹曰使我有身後名不如生前一杯酒陶淵明亦曰吁嗟身後名於我若浮煙夫二子者豈不以身旣不存名將焉用吾神已沒令譽安知暢哉斯言抑文達矣若迺等而上之俾形神永合則身名俱存不有神仙之學乎哉道遥玄圃屢看東海揚塵嘯傲卌丘幾見桃花結實是故老君三皇敎主歷隋唐而猶現赤松炎

帝兩師逮秦漢而還存東方曼倩三竊瑤池之桃純陽呂祖每醉岳陽之酒黃安負龜於武帝張果辨鹿於明皇之數君者或萬年或數千年或四三百年皆棲神碧落遊化人間無藉文章而顯不假聲聞而存良生人之要道不朽之鴻圖哉是以高人逸客罔不慕其休風智士名賢咸思步其芳躅等珠玉於瓦礫以軒冕為糞穢

故軒皇龍迓視萬乘若一毛王子鳳升弃儲宮猶敝屣至如匡裕結茅於廬山安期賣藥於海上黃初平牧羊于金華丁令威化鶴於遼水譚景升辟穀于嵩山陳圖南服氣于華嶽一朝有悟輙飄然長往而不返者良有以也善乎方城宗子有曰人世有二樂上焉者乘青雲弄紫霞而次則宏辭麗句照耀今古名溢日月萬世莫

得而掩焉殆兼三子而有之哉介凡事辭林慨碧紗之空兆晩駞玄理冀石髓之倘逢習靜山中澹然無事因念劉向陶弘景二神仙傳所載僅漢晋以上人而六朝逮今闕焉讀者少之迺搜群書并二傳舊所載者共得三百四人合而梓之名曰廣列仙傳雖乏江淹之彩毫無能繪輝閬苑蕪幾裴航之玉杵頗將通贊瀛洲也曰

乘雲瓊島邀白傅以論詩跨鶴瑤泰覓青蓮而
醉月一笑相逢固非未同而言客也旹
萬曆十一年癸未夏六月吉

採輯群書書目

列仙傳　續列仙傳

神仙傳　神仙通鑑

穆天子傳　混元圖

吳越春秋　呂氏春秋

史記　漢書

三國志　晉史

南北朝史　隋史

舊唐書　新唐書

五代史　宋史
遼史　金史
元史　皇明啓運録
東方朔十洲記　郭璞山海經
大明一統志　五嶽志
終南山志　武夷山志
少室山志　廬山志
五臺山志　天台山志
鷄足山志　□□山志

莊子　　列子

鬼谷子　　亢倉子

關尹子　　淮南子

劉向說苑　　抱朴子

漢文選　　唐文粹

史纂左編　　吾學編

憲章錄　　藝文類聚

合璧事類　　孤樹裒談

太平廣記　　錦繡萬花谷

幽檻錄　豐年錄

灼艾集　輟耕錄

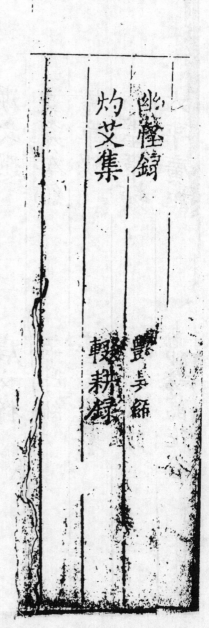

廣列仙傳目錄

第一卷

洪厓先生

馬師皇

王倪

何侯

西王母

太真王夫人

東王公

上元夫人

偓佺

宛丘先生　附姜若春

務光

孟岐

匡裕

彭祖

青烏公

范蠡

呂尚

劉越

匡續

葛由

蔡瓊

彭宗

馮長 西岳真人

王子喬

沈義

周亮 太素真人

涓子

亢倉子

琴高

寇先

負局先生

馬丹

列子

王瑋玄

韓崇

莊子

陵陽子明
尹喜文始先生
尹軌太和真人
丁令威
李八百
馬成子
折象
宋倫太清真人
王子

太陽子

太陽女

太陰女

太玄女

墨子

浮丘伯

祝鷄翁

鬼谷子

茅濛

蕭史

武夷君

皇太姥

魏真君

控鶴仙人

古丈夫

毛女

徐福

涉正

清平吉

白石生

第二卷

安期生

朱仲

劉京

茅盈　附茅衷茅固郎一茅真君

脩羊公

屈處靜

魯妙典
緱仙姑
蘇䟽
王真
金申
王興
衛叔卿　附子度世
東方朔
拳夫人

朱璜

耶[illegible]

李少君

車子候

李根

鮑叔陽

司馬季主

太山老父

程偉妻

巫炎

黃安

壽光侯

稷丘君

劉安 淮南王

[illegible]

黃子明

焦先

陰長生

南陽公主

江妃二女

欒巴

靈壽光

趙丙

瞿武

上成公

毛伯道 附劉道恭

方回

鍾離簡

鍾離權　即漢鍾離正陽帝君

莊伯微

范幼冲

陳永伯

蕭綦

王仲都

王褒

蘇林

劉根

谷春

梅福

魏伯陽

龍述

姚光

東郭延

呂恭

華子期

張道陵老祖天師

王遠

蔡經

宮嵩

董奉

介象

黄初平

黄初起

鮑靓

劉諷

李阿

張魯

介琰

費長房

壺公

薊子訓

左慈

朱孺子

嚴青

耆域

孫登

梁諶

嵇康

王烈

王質

蘭公

諶姆

第四卷

許遜 真君

許邁

許穆

許羽 附

雲林夫人 附

彭抗

黃仁覽

吳猛

吳景鸞

文簫　附

孟欽

張瑠識

郭璞

劉綱　天師

樊夫人

東陵聖母

王道真

鄧郁

王玄甫　東華帝君

曾文䢌

酆去奢

范豹

韓越

蕚綠華

張岊

白鶴道人

萬振

王延

蓬球

鄭思遠　冊陽真人

第五卷

陶弘景　蓬萊都水監

桓闓

劉玄英　海蟾子

寇謙之

徐則

蕭子雲　玄洲長史

岑道願

明崇儼

傅先生

許宣平

李筌

驪山老毋附

帝善俊

司馬承禎

呂和

王可交

班孟

李長者

鳳綱

孫思邈　真人

羅公遠

李白

白居易　附

白龜年　附

薛昌

徐佐卿

僕僕先生

吴道元　道子

王皎

趙惠宗

張果　果老

軒轅集

申元之

邢和璞

薛季昌

羅子房

張志和

李賀

顏真卿　北極驅邪院判官

伊祁玄解

第六卷

呂巖　洞賓純陽祖師

何仙姑

裴航

雲英

譚峭

爾朱洞

栁實

元徹

王四郎

許栖岩

韓湘子

陳摶

丑始

張用成　紫陽真人

劉斗子

石泰　杏林真人

趙吉

薛道光

雷隱翁

林靈素

薩守堅　附徐彎

第七卷

陳楠　泥丸真人

朱橘

白玉蟾　海瓊真人

彭耜

劉益

王嚞　重陽真人

馬鈺　丹陽真人

孫仙姑

譚處端　長真子

劉處玄　長生子

丘處機　長春子

郝大通

王處一

李靈陽

李菱

周史卿

宋有道

李珏

張模　太虛真人

趙友欽　緣督真人

劉𦢊

昌季

莫月鼎

張三丰

鐵冠道人

周顛仙

冷謙

裴仙

赤肚子

王曇陽

廣列仙傳卷之一

明少谷張文介輯

老子

老子者太上老君也。混元圖云。初三皇時。化身號爲萬法天師。中三皇時。爲盤古先生。伏羲時。爲鬱華子。女媧氏時。爲鬱密子。神農時。爲太成子。軒轅時。爲廣成子。少皡時。爲隨應子。顓帝時。爲赤精子。帝嚳時。爲録圖子。堯時。爲務成子。舜時。爲尹壽子。禹時。爲真行子。湯時

從母左腋生

生時白首

為錫則爲老君雖累世化身而未甞誕生之迹迨商陽甲時分神化氣始寄胎玄妙玉女八十一年暨武丁庚辰二月十五日卯時誕於楚之苦竹縣瀨鄉曲仁里從母左腋而生於李樹下指樹曰此吾姓也生時白首面黃白色額有三五達理日月角懸長耳大目鼻純骨雙柱耳有三漏門美鬚廣顙踈齒方口足蹈三五手把十文姓李名耳字伯陽號曰老子又號曰老聃周文王為西伯召為守藏

古先生

乘青牛過關

孔子問道

史武王時遷為柱下史成王時仍為柱下史
乃遊西極大秦竺乾等國號古先生化導其
國康王時還歸于周復為柱下史昭王時去
官歸亳隱焉後復欲開化西域乃以昭王二
十三年駕青牛車過函谷關度關令尹喜二
十五年降於蜀青羊肆會尹喜同度流沙胡
域至穆王時復還中夏平王時復出關開化
蘇隣諸國復還中國敬王十七年孔子問道
於老聃退而有猶龍之嘆烈王二年過秦秦

又云是景帝

歷字坐紫上

獻公問以歷數遂出散關報王丑年復出散

關飛昇崑崙秦時降峽河之濱號河上公授

道安期生漢文帝時號廣成子文帝好老子

之旨遣使詔問公曰道尊德貴非可遥問

帝即命駕詣之帝曰普天之下莫非王土率

土之濱莫非王臣域中有四大王居一也子

雖有道猶朕民也不能屈何乃高乎朕足使

貧賤富貴須臾公乃拊掌坐躍冉冉在虛空

中如雲之昇去地百餘尺而止於玄虛良久

又云授帝求書二卷

俛而荅曰。今上不至天。中不類人。下不居地。何民之有。陛下焉能令富貴貧賤乎。帝乃悟。知是神人。方下輦稽首禮謝。授帝道德二經。成帝時。降曲陽泉。授于吉太平真經。章帝時。授于吉一百八十大戒。安帝時。降授劉圖罷福新科。順帝時。降授天師三洞經籙。桓帝時。降天台。授葛孝先。上清靈寶大洞諸經。魏明皇時。降嵩山。授天師寇謙之新科符籙。唐高祖時。降羊角山。語吉善行。唐公受命符。玄宗

天寶初降册鳳門。帝親享之興慶宮。隨又降語田同秀。以函谷所藏金匱靈符。又降語主元翼妙真符。宋政和二年。降華陽洞天。授梁先生。加句天童護命經。蓋無世不出。先歷劫而行化。後無極而常存。隱顯莫測。變化無窮。普度天人。良不可以具述者矣。一云老子西昇之時。五色光貫紫微。昭王令太史占之。云當有聖人西去。千年之外。聲教逮此。此西化之兆也。自昭王廿四年甲寅之千。果千年焉。

入火不燒隨風上下

又云老子之師

赤松子

赤松子。神農時雨師。服水玉。教神農能入火不燒。至崑崙山。常止西王母石室中。隨風雨上下。炎帝少女追之。亦得仙俱去。高辛時。為雨師。間遊人間。漢高帝時。張子房嘗從之遊焉。

容成公

容成公者。自稱為黃帝之師。見周穆王。善補道之事。煉精於玄牝。其要谷神不死。守生養氣。髮白返黑。齒落更生。事與老子同。

無勞形
無搖精
無營營

廣成子

廣成子。軒轅時人。隱居崆峒山石室中。黃帝造焉。問以至道之要。答曰。至道之精。窈窈冥冥。至道之極。昏昏默默。無視無聽。抱神以靜。形將自正。必靜必清。毋勞爾形。毋搖爾精。毋俾爾思慮營營。乃可長生。慎內閉外。多智多敗。我守其一。而處其和。故千二百年。未嘗衰老

黃帝

黃帝立為天子十九年。聞廣成子。在崆峒之上。

抱朴子曰俗人聞黃帝以一千二百女升天便謂黃

乃往見之曰敢問至道之精廣成子曰自汝治天下雲氣不待族而雨草木不待黃而落日月之光益以荒矣奚足以語至道黃帝退居三月復往見之廣成子南首而卧黃帝從下風膝行而進再拜稽首問曰敢問治身奈何而可以長久廣成子蹷然起曰善哉問乎吾語汝至道至道之精窈窈冥冥至道之極昏昏默默無視無聽抱神以靜形將自正心靜神清無勞汝形無搖汝精乃可以長生帝後採

帝軍行此
事致長生
而不知所終
鼎世成始
顯示天也

首山銅，鑄鼎於荊山之下。鼎既成，有龍垂胡髯下迎黃帝。黃帝乃乘之，後宮及群臣從之者七十餘人。小臣乃悉持龍髯，龍髯拔，因墮黃帝弓。百姓仰望，黃帝既上，乃抱其弓與髯而號。故後世因名其處曰鼎湖，弓曰烏號。

甯封子

甯封子為黃帝陶正，有異人過之，為其掌火，能出五色煙，久則以教封子。封子積火自燒，能隨煙氣上下。

隨煙
上下

隨風雨上下

赤將子輿

赤將子輿者。黃帝時人。不食五谷而噉百花草。至堯時為木正。能隨風雨上下。時與市中貨繳。亦謂之繳父。

洪厓先生

洪厓先生。或曰黃帝臣伶倫也。得道仙去。姓張氏。或曰堯時已三千歲矣。漢仙人衛叔卿寓終南絕頂。與數人博。其子度問叔卿曰。向與博者為誰。叔卿曰。洪崖先生也。

馬師皇

馬師皇者黃帝時治馬醫也知馬形氣死生之胗理之輒愈後有龍下向之垂耳張口師皇曰此龍有病知我能理乃針其脣下口中以甘草湯飲之而愈一旦龍負而去

王倪

王倪卽老君弟子得道于羲農之間黃帝過之因傳道要歷少昊顓頊之世常遊人間帝嚳以前爲醫缺師行飛走之道堯舜之時猶有

見者後昇天

何侯

何侯者堯時隱蒼梧山慕長生二百餘口耕耘舜南狩止何侯家天帝五老來謂舜曰昇舉有期翌日五帝下迎舜白日昇天夏禹時五帝以藥一器與何侯使投酒中一家三百餘口飲不竭以餘酒灑屋宇拔宅上昇位為太極仙人今巍山有何侯廟在舜廟則

西王母

西王母。姓何氏。字婉姈。一字太虛。又云龜臺金母。居崑崙之圃。閬風之苑。玉樓玄臺九層。左帶瑤池。右環翠水。女五。華林媚蘭青娥瑤姬玉卮。七月七日。降漢武帝殿。母進蟠桃七枚於帝。自食其二。帝欲留核。母曰此桃非世間所有。三千年一實。忽東方朔於牖間窺之。母指之曰。此兒已三偷吾桃矣。是日命侍女董雙成。吹雲和之笛。王子登。彈八琅之璈。許飛瓊鼓靈虛之簧。安法嬰歌玄靈之曲。以為武

帝壽焉。

太真王夫人

太真王夫人。王母少女。每彈一絃琴。即百禽飛集。時乘白龍。周遊四海。

東王公

東王公。與玉女投壺。矯而脫誤不接者。天爲之笑。開口流光。今電是也。

上元夫人

上元夫人。天姆也。漢元封元年。七月七日。王母

武帝
姓劉
名徹

乘紫雲輦駕五色班麟降漢宮東向坐帝跪問寒暄畢因呼帝坐遣侍女迎上元夫人云比不相見四千餘年劉徹好道適來觀之夫人可暫來否帝問上元何真也曰是三天真皇之母上元之宮俄而夫人至可年二十餘頭作三角髻餘髮散垂至腰帝拜夫人曰汝好道乎汝胎性暴胎性淫胎性奢胎性酷胎性賊五者常舍于榮衛之中雖慕長生亦自勞耳

偓佺

偓佺。采藥父也。好食松子。體毛數寸。能飛行。逐走馬。以松子遺堯。堯不服。時受者。皆三百歲。

穴丘先生

穴丘先生。服制命丸。得道。至殷湯之末世。已千餘歲。以方傳弟子。姜若春服之。三百年。視之如十五歲童子。彭祖師之。受其方三首。

務光

務光。夏時人。耳長七寸。好服蒲韭根。湯伐桀。以

天下讓於光。光辭曰。廢上非義。殺人非仁也。人犯其難。我享其利。非廉也。乃負石自沉蓼水、已而自匿。後四百餘年。至武丁時復見武丁。欲以為相。遂逸尚父山。

孟岐

孟岐。清河逸人也。尋師不避險阻。年七百歲。談及周初時事。了如目前。或云曾見周公旦抱成王。朝於周廟。岐時侍周公陛壇。公上。岐以手摩成王足。周公以玉笏擿岐。岐常執逸。每

以衣袂拂拭箸令銳歟折耳嘗餌桂藥

陰山下拾藥聞帝好仙披草萊而出

匡裕

匡裕周武王時人兄弟七人皆有道術結廬山

中後得仙去惟空廬在焉故曰廬山漢武帝

封裕為廬山君

彭祖

彭祖錢鏗帝顓頊玄孫至殷之末世年已七百

餘歲而不衰少好恬靜惟以養神蚶狛生為事

一云古陸　朱氏第三　一六古陸

芳日九歷　褒服封子　大彭　采女一名彩女

王聞之，以為大夫，稱疾不與政事，善於補導之術，并服水晶雲母粉麋角，常有少容。采女乘輜軿往問道於彭祖，采女具受諸要，以教王，王試為之有驗。彭祖知之，乃去，不知所往。其後七十餘年，門人於流沙西見之。一云周衰，始浮遊四方，晚入蜀，抵武陽，留家焉。

青烏公

青烏公者，彭祖之弟子也，身受明師之教，精審仙妙之理，乃入華陰山中學道，積四百七十

一歲十二試之有三不過後服金液而昇天太極道君以為三試不過仙人而已不得為真人

范蠡

范蠡字少伯徐人也事周師太公望好服桂飲水為越大夫佐勾踐破吳後乘輕舟入海變名姓適齊為鴟夷子更後百餘年見於陶為陶朱公財有億萬復棄之往蘭陵賣藥後人世世見之

鯉魚腹中有六鈐

呂尚

呂尚，冀州人，生而內智，豫知存亡，避紂亂，隱遼東三十年，西適，隱於南山，釣于卞溪，三年不獲魚。或曰：可以止矣。尚曰：非爾所及也。果得大鯉，有兵鈐在腹中，乃服澤芝、地衣、石髓，二百年而告亡，葬之無尸，惟有玉鈐六篇在棺中。

劉越

周時，有匡先生，名續，修道於南嶂山，後有一火

叩石
石忽
自開

年數來相訪言論奇偉先生異之問曰觀子風猷有日矣備問鄉邦姓字答之曰予姓門名越居在山之左山下有石高二尺許叩之即應當相延先生如其語訪之叩石石忽自開雙户洞啓一小鬟迎先生行數十步繼有二青衣絳節前導漸見臺榭參差金碧掩映珍禽奇獸草木殊異真人冠王冠朱綬劍佩來迎先生意欲留居之真人已覺謂先生曰子陰功易滿后會可期他日相從不晚也歛

玉酒三爵。延齡保命湯一啜而出。先生返顧所叩石。宛然如初。他日復叩。無所應矣。今盧山太平興國宮三門外。即石建亭。名曰仙石。石上尚有劉仙三字。存焉。

匡續

匡續字君平。南楚人。號匡阜先生。生而神靈。兒時便有物外志。周武王時。師老聃。得長生之道。結茅南障山。虎溪之上。隱焉。室中無所有。惟置一榻。簡書數篇而已。武王屢徵不起。一

日有少年詣之自通曰姓劉名越家在前山之左邀先生過之且曰至山下有石高二丈許即予家也續後如約而往至山下四顧無人家惟有一石乃叩之石為之開眷雙扉然有二青衣執絳節前導入其中瓊樓玉宇見前少年傳以仙訣由此得道遂煉冊于此焉漢武帝元封元年南巡狩登祀天柱嘗望秩焉繼而射蛟潯陽江中復封先生為南極大明公仍命立祠於虎溪舊隱列於祀典迨至

今東西二林寺是也

東晉鴈門僧慧遠遊羅浮夜宿廟下愛其溪山之勝謁郡守桓伊曰昨夢匡先生請捨祠為寺伊從之而遷先生祠于山白唐開元間再加興建尊為仙廟凡水旱癘疫禱之皆應焉

葛由

葛由者羌人也周成王時好刻木羊賣之一日騎羊入蜀蜀中王侯貴人追之上綏山綏山在峩嵋山西南最高無極隨之者不復還皆

得仙道。故諺曰。若得緱山一眺。雖不得仙。亦豪。

蔡瓊

蔡瓊。字伯瑶。師老子。受太玄陽生符。還丹方。合服得道。白日昇天。常用陽生符。活已死人。但骸骨存者。以符投之。即起。

彭宗

彭宗。字法先。彭城人。年二十。學於杜冲。嘗從之採藥。忽墮深谷。手足傷損。遂至危困。良久蘇

神燈映席
小爲雲霞

三晝夜爲
一息

以氣禁猛
虎不能動

息肅恭如初。又使之採樵。被蛇中。亦無懼色沖惘之。爲授冊經五千文。及守一之道。宗賷而脩之。日臻幽妙。嘗宵中有神燈數枚。浮空映席。又五色雲霞霏霏繞座間。能三晝夜爲一息。或自沒水底。竟日方出。或瞑目僵卧輙一年許不動。塵委其上。積厚如指。見者皆驚已殞。及起。顏色愈鮮。能以一氣誦五千文。適爲所適。山中毒蛇猛虎。能以氣禁之。潛伏。終不能動。宗觧之乃去。嘗有識者。遥相毀罵。或

及門欲相凌辱宗用氣禁之犯者手足不能自拘蠢然尸立使幽靈擊之傍人惟聞叩頭之聲莫測其所以俟其悔過乃釋之年一百五十餘歲常如二十許厲王十三年正月老君遣仙官下迎授為太清真人治赤城宮

馮長

馮長驪山人周宣王時為柱下史覩天文之變乃退隱攝生遇鄧真人授以靈書功行垂成復遇彭真人授以太上隱書遂得仙用術活

人。平王二十年春。昇化而去。

王子喬

王子喬。周靈王太子晉也。好吹笙作鳳鳴。遊伊洛之間。道人浮丘公接以上嵩高山。三十餘年。後見柏良。謂曰。可告我家七月七日。待我於緱山頭。至期果乘白鶴。駐山頭。望之不可到。舉首謝時人。數日而去。後立祠緱氏山下。

沈羲

沈羲。吳郡人。學道。蜀中善醫。一心救人。功德感

與妻共載升天

四百餘年復歸

天周赧王十年，老君遣使召之，與妻賈氏共
載，授羲碧落侍郎，白日昇天。時道間耕鋤人
共見之，須臾大霧，霧解失其所在，但見羲所
乘車牛，在田中食禾，或有識為羲車牛，以語
羲家，弟子數百人，恐是邪魅，將羲入山谷間，
乃將數百人，分布於百里之間，求之不得。至
漢殤帝延平元年，凡四百一十二年，乃復還
鄉里，推求得十餘世孫，名懷喜，懷喜曰：聞先
世相傳，果有遠祖登仙，羲歸留數日，云：初上

天時。不見天帝。惟謁老君。老君向東坐。宮殿鬱鬱。雲氣五色。庭中皆珠玉樹。侍從數百。多女少男。四壁熠熠。有符書。老君長可丈餘。身體有光。不可正視。老君令玉女持金案玉杯。盛藥賜羲曰。此是神丹。飲者不死。夫妻各得一刀圭。飲畢。復賜大棗二枚。大如雞子。復以符一道。仙方一道。賜羲。令且還人間。救人疾苦。若欲上昇。以此符懸之竿杪。仙吏當迎汝也。語已。奄忽如寐。已在地上。賈太后疾。嘗遣

七十耆翁俄頃為少年如花

令人自縛

使請問安帝時猶在人間後復昇天

周亮

周亮字泰宜太原人母宵寢見五色流霞覆其宅因感有孕經十五月而生長而師事姚坦授五千文及入泰真經能治鬼怪各復真形周靈王太子晉聞之召與相見賜以九光七明芝亮脩服之遂能變化或如七十髮白齒落經宿不出復為少年姿容如花或被亮人侮之其人不覺自縛困於拷擊叫號口中流

得鯉腹有符

血求哀乃釋之年一百九十餘歲威烈王二十四年上帝遣天官下迎授為秦隴真人出入太清

涓子

涓子齊人好餌朮接食養精至三百年仍見於齊著天地人經四十八篇後釣魚于河澤得鯉腹中有符隱於岩山能制風雨受伯陽九仙法淮南王安少得其文不能解其意也其琹心三篇有條理焉

亢倉子

亢倉子。姓庚桑。名楚。陳人也。得老君之道。隱昆陵孟峰。道成仙去。

琴高

琴高。趙人。能鼓琴。為宋康王舍人。行涓彭之術。浮遊冀州涿郡間。二百餘年。後入涿水。取龍子。與諸第子期某日當返。諸第子日齋絜持于水傍。設祀。高果乘鯉而來。觀者萬餘人。留一月。復入水去。

種荔
食葩
斬後
後生
磨鏡
問疾

寇先

寇先者宋人也釣魚為業居睢水傍百餘年得
魚或放賣或食好種荔食其葩實焉宋景公
問其道不告即殺之後數十年踞宋城門鼓
琴十日而去宋人家家奉祀焉

負局先生

負局先生語似燕代間人因磨鏡輒問主人得
無有疾苦者否若有輒出紫丸赤藥與之莫
不愈時大疫每列戶與藥愈者萬計不取一

入迴風中去

棄不取錢

錢。後止吳山絕崖。世世懸藥與人。曰。吾欲還蓬萊山。為汝曹下神水。崖頭一旦有水白色。從石崖流下。服之者多所愈。鄉人乃立祠祀之。

馬冊

馬冊。晉狄人。文侯時為大夫。獻公時為幕正。公娍狄。殺恭太子。冊去。至趙宣子時。乘安車入晉。都侯大夫。靈公欲仕之。逼不以禮。有迅風發。冊入迴風中而去。北方人尊而祠之。

能御風
雨行

二六楚
莊王臣
受道于
主君

列子

列子。鄭人。名禦寇。問道於關尹子。復師壺丘子九年。能御風雨行。隱居鄭國。四十年。無知者著書行於世。

王璚玄 附韓崇

王璚玄。不知何許人。得道居林屋山洞中。吳國韓崇好道。遊名山。採方術於林屋。遇璚玄。求度世之道。璚玄以流珠丹授之。謂崇曰。予行此道。無妨居世。功成之日。自當仙舉也。崇行

之大驗仕為汝南太守在郡十四年治化大行著為天下最年七十四瑞玄又降人間授崇隱遁解形之法入大霍山又授崇道化泥九幷紫戶之術而昇天矣

莊子

莊子蒙人名周嘗為蒙漆園吏與梁惠王同時其學無所不闚其要本於老子著書六萬餘言率寓言也楚威王聞莊周賢使厚幣迎之許以為相周笑謂使者曰千金重利卿相尊

不為犧牛

服五石脂成仙

位也。子獨不見郊祭之犧牛乎。養食之數歲，衣以文繡，以入太廟。當是之時，雖欲為孤豚，豈可得乎。亟去，無污我耳。我寧游戲污瀆之中自快，無為有國者所羈。終身不仕，以快吾志焉。後仙去。

陵陽子明

陵陽子明，銍鄉人。釣魚於涎溪，得白魚，腸中有書，教子明服食之法。子明遂上黃山，採五石脂，服之三年，龍來迎去。

陸地生蓮

見紫氣

知聖人

度關

尹喜

尹喜字公文初母氏嘗晝寢夢天下絳霄流繞其身及喜生時家內陸地自生蓮花光色鮮盛眼有日精姿形長雅垂臂下膝堂堂有天人之貌少好學墳索善於天文秘緯大度不脩俗禮損身濟物不求聞達周康王時為大夫仰觀乾象見東方有紫氣西邁知有聖人當度關而西乃求為函谷關令預敕關吏孫景曰若有形容殊俗車服異常者勿聽過時

青牛度關

昭王二十三年七月十二日甲子，老君將乘白轝，駕青牛，徐甲為御，欲度關。關吏入白尹喜。喜曰：今我得見聖人矣。即具朝服出迎，跪伏叩頭邀之曰：願大人暫留神駕。老君謝曰：吾貧賤老翁，居在關東，田在關西，今暫往取薪，何故見留？喜聽度，喜復稽首曰：大人豈是取新。久知大聖當來西遊，勞神暴露，願少憩神駕。老君曰：聞開導竺乾，有古先生，善入無為，永存綿綿，是以昇就道經歷關，子何苦留耶？

小有
天理四
界主統
理萬物

喜又曰今觀丈人聖姿超絕乃天上之[illegible]
邊夷何足徃觀願不托言少垂哀愍老君曰
子何所見而知吾喜曰去冬十月天理星西
行過昴自今月朔融風三至東方真氣狀如
龍蛇而西度此大聖人之徵故知必有聖人
度關老君乃怡然笑曰善哉子之知吾吾亦
已知子矣子有通神之見當得度世也喜再
拜曰敢問大聖姓字可得聞乎老君曰吾姓
字渺渺從刼至刼非可盡說吾今姓李字伯

十二

以吉祥草化美人試徐甲

陽號曰老聃。喜於是就官舍。設座供養。行弟子禮。老君乃為喜留關下百餘日。盡傳以內外脩煉之法。時老君之御者徐甲。少債賃於老君。約日顧百錢。至關時。當七百二十萬錢。甲見老君去官遠商。亟來索錢。老君謂曰。吾往西海諸國。還當以黃金什直償爾。甲如約。乃至關。飯青牛於野。老君欲試之。乃以吉祥草化為一美女。行至牧牛之所。輒以言戲甲。甲感之。欲留。遂負前約。乃詣關令。訟老君索庸

以太玄生符活徐甲二百歲

錢老君謂甲曰汝隨我二百餘年汝久應死吾以太玄生符與汝所以得至今日汝何不念此而乃訟吾言訖符自口中飛出丹篆如新甲即成一聚白骨喜乃為甲叩頭請赦其罪以賜更生老君復以太玄生符投之甲即立生喜乃以錢償甲而禮遣之一日老君謂喜曰吾重告爾古先生者即吾之身嘗化乎竺乾今將返神還乎無名吾今逝矣喜叩首請侍行老君曰吾遊乎天地之表戲乎玄冥

之間。四維八極。上下無邊。子欲隨吾。烏可得焉。喜曰。入火入淵。下地上天。灰身沒命。願隨大仙。老君曰。汝雖得相合道。去當成真。然受道日淺。未能通神。安得變化。隨吾聖身。汝尚精脩此道。體入自然。斯一與汝行化諸國爾。於是復以道德五千言授之。期以千日之外。可尋吾於蜀青羊之肆也。言訖。從身空中坐雲華之上。面放五明。身見金光。洞照十方。冊冊界空光。燭館舍。五色玄黄。良久乃沒。喜目

史記作紫微

青羊肆

斷雲霄。滌泣攀戀。其日江河汎漲。山川雲[illegible]有五色光。貫太微。徧及四方。喜遂以老君所說理國脩身之要。去奢滅欲之言。敘而編之。爲三十六章。名之曰西昇經。喜乃屏絕人事。三年之內。脩煉俱畢。凡所授書。悉臻其妙。乃自著書九篇。號關尹子。至丁巳歲。卽繼西蜀。尋訪青羊之肆。老君以甲寅年昇太玄乙卯歲。復從太微宮。分身降生於蜀國。大官李氏之家。已先勑青龍。化生爲羊。色如青金。常在

所生嬰兒之側愛翫無斁忽一日失羊童子尋覓得於市肆喜至蜀徧問居人無青羊肆者忽見童子牽羊因自解云既有青羊復在市肆聖師所約其在此耶因問此誰家羊牽歛何往童子荅曰我家夫人生一兒愛翫此羊失來兩日兒啼不止今却尋得歛還家喜即囑曰願為告夫人之子云尹喜至矣童子如其言入告兒兒即振衣而起曰令喜前來喜既入其家庭宇忽然高大湧出蓮花之座

庭宇忽高湧出

蓮花座

數丈金身

兒化數丈白金之身光明如日項有圓光建七曜之冠衣晨精之服披九色離羅之帔坐於蓮花座上舉家見之皆驚怪兒曰吾老君也太微是宅真一為身太和降精耀魂為人主客相因何乃怖耶喜將慰無量稽首言曰不謂慶會復奉天顏老君曰吾向留子者以子居世來久深染恩愛初受經訣未克成功是以待子於此今子保形煉氣已造真妙心結紫絡面有神光金名表於玄圖玉札繫於

封尹喜
為文始
先生

紫房氣參太微解形介真矣即命召三界衆真時諸天帝君十方神王洎諸仙衆頃刻浮空而至各執香花稽首聽命老君勑五老上帝西極臨真授喜玉冊金文號文始先生位為無上真人賜紫芙蓉冠飛青羽裙冊襡綠袖交泰霓裳羅紋黃綬九色之節居二十四天王之上統領八萬仙士自此方得飛騰虛空參佇龍駕其家長幼二百餘口即時拔宅昇天

尹軌

尹軌字公度太原人文始先生尹喜之從弟也少學天文兼通纖緯來事先生因教服黃精花及授諸道經凡百餘篇皆蒙口訣先生登真之後即與隱士杜沖同脩煉於先生宅時年二十八歲絕粒養氣專脩上法上帝憐之賜為太和真人仍下統仙僚於杜陽宮軌時出遊帶神冊十餘筒周歷天下濟度有緣或煉金銀以賑貧苦求哀之人咸得其福利焉

晉惠帝永興二年。從東來。降于尹真人之室
語道上梁諶以得道之素。及上帝命所司之
事。語畢。忽竦身騰空。冉冉而去。

丁令威

丁令威。本遼東人。學道於靈虛山。後化鶴歸遼
集華表柱云。有鳥有鳥丁令威。去家千年今
始歸。城郭如故人民非。何不學仙塚纍纍

李八百

李八百。蜀人。初居筠陽之五龍岡。歷夏商周。年

八百歲。又動則行八百里。時人因號為李八百。或隱山林。或居廛市。又脩煉於華林山石室。丹成。還蜀中。周穆王時。居金堂山。蜀人歷代見之。號紫陽真君。有女弟亦得仙。封妙應真人。

馬成子

馬成子。秦扶風人。志欲脩道。棄家訪師。遇黃盖童子。授以胎元煉氣之法。乃入蜀之鶴鳴山石洞中。復遇異人。授以神丹。曰氣為内丹。藥

散金以迯福

為外册。今授子此册。服之當列為高真矣。言訖而去。戌子遂白日昇天。

折象

折象。廣漢人。少好黄老業。師事東平先生。家世豐贍。以為多藏必厚亡。散千金以賑貧苦。或諫之。象曰。竇子文有言。我之施物。乃迯福。非避時也。智者咸服焉。自尅亡日。乃解如蛇蛻焉。

宋倫

玉童遞侍

日行三千里

宋倫字玄德洛陽人專心好道服黄精二十六年周厲王時老君授以通真經及用符倫得經脩行遂自然通感嘗有玉童六人更遞侍之知未來事預知其吉凶言無不驗能飄然飛步陵波涉險與神仙遊日行三千里或化為鳥獸以試人心有僞者逐之常相去五十步百步不能至善射者射之亦不至与病者同寢其病自瘥年九十餘宣王三十二年正帝遣仙官下迎授為太清真人下司中嶽

以瓦石
爲龍虎

玉子

玉子者，姓章，名震，南郡人也。少學衆經，周幽王徵之不起，乃嘆曰：人但貪富貴，不知養性命，盡氣絶即死，雖爲王侯，金玉如山，何益？獨有學仙可以無窮。乃師長桑子，受其衆術，著道書百餘篇，其要術以務魁爲主，尤精於五行，演其微妙，能起飄風，發屋折木，作雲雷雨霧，以草芥瓦石爲六畜龍虎，立便能行，分形爲數百千人，又能涉行江瀆，含水噴之，立成珠

噴水成珠玉 泥馬行 手舉

遂不復變或時閉氣不息舉之不起推之不動屈之不曲伸之不直如此數十日乃起復如故每與諸弟子行各丸泥為馬與之皆令閉目須臾皆乘大馬一日千里又能吐五色雲氣起數丈見飛鳥過指之墮地又臨淵投符召魚鼈魚鼈皆躍上岸又能使諸弟子舉眼即見千里外物但不能久也其務魁時以器盛水着兩魁之間吹而噓之水上立有赤光燒之爗爗而起又以此水治百病在內者

飲之在外者浴之皆使立愈後入崆峒山合丹丹成白日昇天

太陽子

太陽子者姓離名明王子之友也王子學道已成太陽子乃事王子盡弟子之禮不敢懈怠王子特親愛之而好酒恒醉頗以此見責然善爲五行之道雖鬚鬢髮班白而肌膚豊盛面目光華三百餘歲猶自不改王子謂之曰汝當理身養性爲衆賢法師乃昏迷大醉功業

二百八十歲色如桃花

不修。大藥不合。雖得千歲。竟難免死。況數百歲乎。此凡庸所不爲。况達者乎。後若七寶樹之術。深得道要。服丹得仙。常在世間五百餘歲。面如少童。秪多酒。其鬢髮皓白也。

太陽女

太陽女者。姓朱名翼。敷演五行之道。盡其微妙。行其道。甚驗且速。年二百八十歲。色如桃花。口如含丹。肌膚充澤。眉鬢如畫。有如十七八者也。奉事絶洞子。丹成分賜之。亦得仙昇天

沽酒求仙

太陰女

太陰女者。姓盧名全。為人聰達。智慧過人。好玉子之道。頗得其法。未能精妙。苦無明師。乃當道沽酒。密歡求賢。積年累久。未得勝已者。會太陽子過之。飲酒見女。禮節恭脩。言詞閑雅。太陽子喟然歎曰。彼行白虎騰蛇。我行青龍玄武。天下悠悠。知者為誰。女聞之大喜。使妹問客上數為幾。對曰。不知也。但南三北五東九西七中一耳。妹還報曰。客大賢者。至德人

也。我始問一已。知五矣。遂請入道室。改進以饌。以享之。因自陳訖。太陽子曰。共奉天帝之朝。俱飲神光之水。身登玉子之魁。體有五行之寶。唯賢是親。豈有所吝。遂授以道要。及煉丹之方。丹成。服之得仙。時年已二百歲。猶如少女顏色。

太玄女

太玄女者。姓顓名和。少喪夫。有術人相其母子曰。皆不壽也。乃學道治玉子之術。遂能入水

寒月單衣行水上

指鎖篇即開

入水不濡

入火不燃

不濡。盛寒之時。單衣行水上。而顏色不變。身體溫暖。可至積日。能徙官府宮殿城市。及世人屋舍於他處。視之無異。指之則失其所在。又門戶櫝櫃有閉籥者。指之即開。指山山崩。指樹樹死。更指之。皆復如故。一日與弟子行山間。日暮以杖扣山石。石開。皆有門戶。入其中。有屋室床几帷帳廚廩酒食如常。雖行萬里。無異。能令小物忽大如屋。大物忽小於毫芒。野火張天。噓之即滅。又能坐炎火之中。衣

裳不燃須臾間化為老翁小兒車馬無所不為行三十六術甚有神効起死無數不知其何所服食顏色益少鬚髮如鴉忽白日昇天而去

墨子

墨子者名翟宋人也仕宋為大夫外治經典內修道術著書十篇號為墨子年八十有二乃歎曰世事已可知矣榮位非可長保將委流俗以從赤松子遊矣乃謝遣門人精思至道

臥後有人覆衣

想像神仙。於是夜。常聞左右山間。有誦書声者。墨子臥後。有人以衣覆之。墨子乃伺之。忽有一人。乃起問之曰。君豈山嶽之氣乎。將度世之神仙乎。願且少留。誨以道教。神人曰。子有至德好道。故來相候。子欲何求。墨子曰。願得長生。與天地相畢耳。於是神人授以素書。朱英丸方。道靈教戒。五行變化。凡三十五卷。曰。子既有仙緣。性又聰敏。得此便成。不必他師也。墨子拜受。合作。遂得其効。乃撰集五行

記五卷、後為地仙、至漢武帝時、帝遣使者楊
迹、束帛加壁、以聘墨子、墨子不出、視其顏色、
如五六十歲人、周遊五嶽、不止一處也、

浮丘伯

浮丘伯、姓李、居嵩山修道、白日飛昇、嘗作原道
歌云、虎伏龍亦藏、龍藏先伏虎、但畢河車功、
不用提防拒、諸子學飛仙、狂迷不得住、左右
得君臣、四物相念護、乾坤法象成、自有真人
顧、又有相鶴經、王子喬傳、

雞皆有名

祝雞翁

祝雞翁、洛陽人、居尸鄉北山下、養雞百餘年、雞皆有名字、千餘群、暮栖樹上、晝散放之、翁行呼名、即種別而至、賣雞及子、得千萬錢、輒置錢去之吳、作養魚池、後昇吳山、白鶴孔雀、嘗止其傍、

兒谷子

兒谷子、春秋晉平公時人、姓王名詡、嘗入雲氣山、採藥得道、顏如少童、居青溪之兒谷、蘇秦

張儀嘗問道，三年辭去，子曰，二子輕松喬之永壽，貴一旦之浮榮，惜哉，鬼谷處人間數百歲，後不知所之

茅濛

茅濛，字初成，成陽人，恃學深鑒，知周室將衰，不求仕進，嘆曰，人生若流電，奈何久迷塵寰中，乃師鬼谷先生，受長生之術，遂入華山脩煉，秦始皇三十年，九月庚子，乘龍白日昇天，先是邑人謠曰，神仙得者茅初成，駕龍上升入

吹簫引

鳳來

太清時下玄州戲赤城繼業而往在我盈帝若學之臘嘉平太始皇聞之因改臘為嘉平玄孫盈同衆三人皆得仙故曰三茅

蕭史

蕭史得道善吹簫秦穆公以女弄玉妻之遂教弄玉吹簫作鳳鳴有鳳來止其屋公為作鳳臺後弄玉乘鳳蕭史乘龍昇天而去

武夷君

武夷君者昔有神人降於武夷山自稱武夷君

云受上帝命統地仙授館於此山中漢武帝
嘗遣使築壇祀之
皇太姥
皇太姥閩人相傳爲神星之精母子二人居武
夷採黃精以餌能呼風擻雨乘雲而行秦人
呼爲聖母
魏真君
魏真君名子騫求道於武夷山後遇控鶴仙人
授以換骨之訣始皇時尸解真君顱骨至今

尚存純白堅潤。

控鶴仙人

仙人名屬仁天台元虛老君第七子也。常控鶴至武夷山校完仙籍。時魏王子騫等禱雨龍潭之上。仙人適過其處。魏王與張湛等十二人因得謁見。仙人見魏王等非骨異常。乃遣何鳳兒從天台取仙籍檢視。果載子騫與張湛等名。先以飲酒過度。故謫居武夷。須八百年後。方得脫骨仙化。於是賜魏王等胡麻飯

仙籍藏天台山中

餌栢子松脂成仙

九品冊書

古丈夫

恂大與尹子虛同遊嵩華松下見古丈夫并一女子二人曰神仙何以至此古丈夫曰予本秦之役夫此乃毛女亦秦之宮人合為殉者同脫驪山之禍匿此不知今幾甲子二生曰幸遇大仙願求金冊大藥古丈夫曰我本凡人初餌栢子後食松脂歲久凌虛毛髮紺綠不知金冊大藥為何物也

祖洲有不死草名養神芝

毛女

毛女在華陰山中山客獵師世世見之形體生毛自言始皇宮人秦亡入山食松葉遂不饑寒身輕如飛

徐福

徐福字君房不知何許人秦始皇時枉死者滿道路有鳥如烏狀銜草覆死人面皆登時而活始皇使人持草以問鬼谷先生先生云海中有十洲祖洲有不死之草生瓊田中名養

海中求醫

神芝，其葉似菰叢生。一株可活一人。始皇乃遣道士徐福入海，尋祖洲。不返後不知所在。逯沇義得道。老君遣徐福為使，乘白虎車迎義。後人始知徐福為仙。又唐開元中有士人患半身枯黑。御醫張上客等，俱不能活。因謂曰。聞大海中有神仙，盡求治之。士人乃從登州下海，隨風行十餘日近一孤島。島上有數百人。須臾至岓岓。邊有婦人洗藥。問彼皆何人。婦人指云中心坐鬢髮白者，徐君也。又問

利黑汁數斗病愈

徐君是誰。婦人云。君知秦始皇時徐福否曰知之。曰此即是也。士人遂登岸致謁求治。徐君初以美飯啗之。器物皆奇小。士人心嫌其薄。徐君覺之曰。但恐食不能盡爾。士人連啖之。如數大甌至飽。而竭。復以小器盛酒飲之至醉。翌日以黑藥數丸與食。利黑汁數斗。其病輒愈。士人求住奉侍。徐君曰。爾有祿位。未宜即留。當以東風相送。勿愁歸路遠也。復與黃藥一袋。治一切病。令歸救人。士人還數日

至登州以藥奏聞玄宗令有疾者服之即

涉正

涉正者字玄真巴東人也說秦始皇時事了了似及見也漢末從二十弟子入吳而正常閉目雖行猶不開也弟子隨之二十年莫有見其開目者有一弟子固請之正乃為開目目開時有音如霹靂有光如火電照人弟子皆不覺伏地良久乃能起正已復還閉目後道成仙去其所服食施行并授諸弟子皆以行

氣絕房室及服石腦小冊云李八百呼正為
四百歲兒

清平吉

清平吉漢沛國人即高帝時衛平也至光武時
容色不老後尸解去百餘歲復還鄉里數月
間又尸解去

白石生

白石生中黃丈人弟子至彭祖時已二千餘歲
不脩飛昇但以長生為貴不失人間之樂而

已，所行者止，以金液之藥為上。初患家貧，不能得藥，乃養猪牧羊十數年，致富萬金，乃買藥服之。嘗煮白石為粮，因就白石山居，遂號白石生。亦時食脯飲酒，亦時穀食，日能行三四百里，顏色如三十許人。或問何以不愛飛昇，答曰：天上未必樂于人間，且天上多至尊，奉侍更苦于人間也。

新刊廣列仙傳卷一終

人言千歲公

廣列仙傳卷之二

明少谷張文介撰

安期生

安期生琅耶阜鄉人。賣藥海邊。時人皆言千歲公。秦始皇請見。與語三日三夜。賜金璧數萬。出於阜鄉亭。皆置之而去。留書并赤玉舄一量爲報。曰。復千歲來求我於蓬萊山下。始皇遣使者數人入海。未至蓬萊山。輒風波而還。立祠阜鄉亭。并海邊十處。

獻四寸珠

朱仲

朱仲會稽人。漢高后時。下書募三寸珠。仲乃齎三寸珠。詣闕上書。賜五百金。魯元公主復私以七百金。從仲求珠。仲復獻四寸珠至闕。至即去。帝下書會稽徵聘。不知所在。景帝時復來獻三寸珠數十枚。輒去。不知所之。

劉京

劉京者。漢文帝侍郎。從邯鄲張君學道。受餌雲母朱英方服之。百三十年餘。視之如三十許

服九子丸能御八十妾生二十兒

人能先知吉凶之期又能為人祭天益命或延得十年五年至魏武時京遊諸弟子家皇甫隆聞而隨事之以雲母九子方教隆隆合服之得三百歲不能盡其道法故不得度世

又有王公于京得九子丸時王公已七十歲服之能御八十妾生二十兒騎馬彌行日二百里飲酒一斛不醉得壽二百歲

茅盈

茅盈字叔申濛玄孫弟固字季偉次弟衷字思

天兵暗護折成數段

和生于漢景帝中元五年。少秉異操。獨味清虛。年十八。遂棄家入恒山脩道。餌朮。後師王君。因西至龜山。得見王母。授以太極玄真之經。歸入恒山北谷。時年四十九也。盈父母尚存。父怒其久出遠遊。欲杖之。盈長跪曰。盈已受聖師符籙。常有天兵侍衛。杖盈恐天兵相阻。盈罪愈加重也。父欲驗其語。故杖之。杖輒折成數十段。如弓矢之發。中壁則壁穿。中柱則柱陷。父母始知其神異。乃止。盈曰。向所啓

金盤玉杯自至筵前

正處如此。後二弟俱貴。裒為西河太守。固為執金吾。當並之官。鄉里送者數百人。時盈亦在座。笑謂賓曰。吾雖不作二千石。來年四月三日。送僕登仙。當亦不減于今日也。衆皆不之許。時宣帝初元四年也。至期。門前數頃地。忽自平治。無寸草。皆施青縑幄。屋下盡舖白氊。可容數百人。衆賓並集。大作宴會。杳無使從。但見金盤玉杯。自至筵前。美酒奇殽異果。不可名狀。復有妓樂絲竹金石之音滿耳。蘭

晼 脈何

麝之香達數里外少頃迎官來至朱衣玉帶者數百人旌旗甲仗光彩耀日盈乃與家人親友辭別登車乘雲冉冉而去時二弟在官聞盈飛昇皆棄官還家求兄於東山盈乃與相見謂二弟曰爾何晚矣今年已俱老難可補復縱得真訣但可成地仙耳於是初教二弟延年不死之法令長齋三年授以上道使存明堂玄真之氣又各贈九轉還丹一劑并神方一首各佩服之遂亦成仙幾人謂之三

化為石羊而去

茅真君

修羊公

修羊公魏人華陰山石室中有懸石榻公卧其上石盡穿陷公略不動時取黄精食後以道聞于上漢景帝禮之使止王邸中數歲道不可得有詔問公何日發語未幾床上化為白石羊白如玉題其脇曰脩羊公謝天子後寘石羊於通靈臺上羊後復去不知所在

屈處靜

青鳥使

屈處靜。漢祁陽人。楚白公之後。幼而悟道。絕迹人表。元十二年。一旦駕鶴而去。

魯妙典

魯妙典。九疑山女冠也。有麓林道士。授大洞黃庭經。入九疑山十年。白日升天。

緱仙姑

緱仙姑。長沙人。入衡山修道。年八十餘。孑然無侶。居傍南嶽魏夫人仙壇。忽一青鳥飛來。自言我南岳夫人使也。以姑修道精若。命我為

伴每有人遊山青鳥必預言其姓名一日曰今夕有暴客至姑無怖果有郡僧持火挺刄將害姑姑在床上僧不見而出俱為虎所殺姑徙居湖南鳥亦隨之後隱九疑莫知所終

蘇耽

蘇耽郴人事母以孝聞嘗遇異人授神仙術因侍膳母思鮓即出市鮓以獻問所從來曰便縣母姑異之一日忽灑掃庭除母問其故曰仙道已成上帝來召母曰汝仙去吾誰養乃

留櫃養親

橘井

化鶴飾城樓

履冰赴火

留一櫃云所需即有又云明年大疫取庭前井水橘葉救之耽仙去已而果疫毋日活百餘人後耽化鶴來郡城東北樓時有彈之者乃以爪攫樓板以漆書云城郭是人民非三百甲子一來歸吾是蘇耽彈我何為

王真

王真上黨人孝武帝時為郡史年百歲面有光澤履冰赴火出入不由户深有道術

金丹

單衣卧雪中

仙人長二丈

公申。潞城人。幼聰慧佯狂。遇異人。授以太陰煉形之術。嘗單衣跣足卧凍雪中。能預知水旱。災祥壽殀。既卒。葬百餘日。一夕雷霆大作。及旦視之。但見塚開數寸。惟留隻履。樓扇薄衾而已。

王興

王興。陽城人。居壺谷中。不知書。初無學道意。漢武帝上嵩山。登大愚石。起道宮。使董仲舒東方朔。齋潔思神。至夜半。忽有仙人長二丈。耳

服菖蒲可長生

出頭巔。下至肩。漢武禮而問之。仙人曰。吾九嶷之人。聞中嶽石上菖蒲。一寸九節。可以服之長生。故來採耳。忽然失人所在。帝顧侍臣曰。彼非學道服食者。必中嶽之神。以諭朕耳。因采菖蒲服之。經三年。帝覺悶而不遂止。時從官多服。然亦莫能持久。惟王興乃服之。不息。遂得長生。隣里老小。皆云世世見之。竟不知所之。

衛叔卿附衛度世

服雲母得仙

忽乘雲車逕殿止

衛叔卿中山人服雲母得仙漢儀鳳二年八月壬辰武帝閒居殿上忽有一人乘雲車駕白鹿從天而下來集殿前其人年可三十許色如童子羽衣星冠帝乃驚問曰為誰答曰我中山衛叔卿也帝曰子若是中山人是朕臣也可前共語叔卿本意謁帝謂帝好道見之必加優禮而帝乃云是朕臣大失意望默然不應忽焉不知所在帝甚悔恨即遣使伯梁求見其子度世往華山尋之至其巔絕巖之

下望見其父與數人博戲于石上紫雲鬱鬱
白玉為床有數仙童執節立其後度世問其
父曰同博者誰叔卿曰洪崖先生許由巢父
王子晉也我有仙方埋所居柱下度世歸掘
之得玉函封以飛仙之印乃五色雲母也度
世服之亦仙去

東方朔

東方朔字曼倩平原人漢武帝時上書曰臣年
十三學書三冬文史足用十五學擊劍十六

王母云三竊桃者即曼倩也

學詩書誦二十二萬言十九學孫吳兵法戰陣之具鉦鼓之教亦誦二十二萬言又常服子路之言帝待詔公車又遷待詔金馬門嘗出經年乃歸母曰汝經年一歸何以慰我朔曰兒暫之紫泥海有紫水汚衣乃過虞淵湔洗朝發中還何云經年朔將死時謂同舍郎曰天下人無能知朔知朔者惟大伍公耳朔亡後武帝得此語召大伍公問之荅以不知曰公何所能曰頗善星曆帝問諸星皆具在

方朔乃歲星

兩手俱拳百人莫能開

否曰諸星皆在獨不見歲星十八年今復見耳帝仰天嘆曰東方朔生在朕傍十八年而不知在歲星慘然不樂

拳夫人

拳夫人漢武帝妃武帝廵狩過河見青紫氣自地屬天望氣者以為其下有奇女必天子之祥求之見一女子在空館中姿貌殊絕兩手俱拳帝令開其手數百人擘莫能開上自披手即申由是得幸為拳夫人進為婕妤居鉤

戈宮解黃帝素女之術大有寵有孕十四月産昭帝帝曰堯十四月而生鉤弋亦然命其門曰堯母門

朱璜

朱璜者廣陵人也少病毒瘕就睢山道士阮丘丘憐之曰卿若能除去腹中三尸得真人之樂可度世也璜曰病愈當爲作客于君三十年不敢自還丘與璜七物藥日服九九百日下如肝脾者數斗養之數十日肥健心意

目更開朗與老君黃庭經令讀目二過通之能思其意丘遂與璜俱入浮陽山玉女祠且八十年復見故處白髮盡黑鬢髮更長三尺餘還家數年復去至武帝末猶在焉

郭瓊

郭瓊東方郡人也其形貌醜劣而意度過人扶杖遊行每寄宿人家輙乞薪自照讀書不眠主人有笥中秘書纖綿緘縢甚密而瓊皆能知之如悉覽然莫不服其神異聞瓊寄宿則

閉户塞門盖恐知其家隂事瑣每至人家

袖中一把筭子散置膝前則人家隱事皆知

或晝卧不閉目行地無蹤袒裼如狂漢武帝

深異之

李少君

李少君字雲翼好道入泰山採藥疾困遇安期

生以神樓散一七與服之即愈漢武帝郊祀

少君以祠竈辟穀却老方見上上有古銅器

以問少君對曰此器齊桓公十年陳于栢寢

栢寢 器名

安期生乘棗大如瓜

已而按其刻。果齊桓公器。一宮盡駭。以少君真數百歲人也。嘗封上言祀竈可以致物。丹砂可為黃金。金成用為飲食器。可以益壽。又云。臣嘗遊海上。見安期生。與臣棗大如瓜。于是武帝遣人入海。求安期生。為少君建第宅以居之。一日。武帝夢與少君登嵩山。逢繡衣使者。乘龍從空中下。云太乙請少君。帝覺。語左右曰。如我夢。少君將捨我也。數日而少君病死。入棺後。帝令發棺視之。無尸。獨衣冠在

馬。

車子侯

車子侯。扶風人。漢武帝愛其清靜。累遷位至侍中。一朝語家人云。我今補仙官。此春當去。至夏中。當暫還。少時復去。果如其言。

李根

許昌人。有趙買者。聞其父祖言。已見根。及買時根年已八十四。而根年少。自若有得根素書讀之。其自計云。以漢元封中。學道於某甲計

之已七百餘矣．

鮑叔陽

鮑叔陽．廣寧人．為趙王張耳之大夫．少好養生．服桂屑．與司馬季主．俱在委羽山．師西靈子都．後尸解．

司馬季主

司馬季主．楚人．賣卜於長安市．後入委羽山．大有宮中．師西靈子都．子都者．太玄仙女也．受石精光藏景化形之道．遂成．顏如少女．鬚[illegible]

頭上白光高數尺

尺。黑如漆。臨去之際。留枕席以代形。如其真身。令家人葬之于蜀山之南

太山老父

太山老父者。莫知其姓名。漢武帝東巡狩。見老父鋤于道間。狀如五十人許。而面若童子。頭上白光高數尺。怪而問之。老父答曰。臣年八十五時。衰老垂死。頭白齒落。有道士教臣絕穀。服术飲水。并作神枕。枕中有三十二物。其二十四物。以象二十四氣。其八物以應八風

臣行之轉老為少髮白更黑齒落復生日行三百里臣今年百八十矣武帝愛其方賜之金帛老父後入岱山中或十年五年一還鄉里三百餘年乃不復還也

程偉妻

程偉妻者漢黃門郎程偉之妻也偉好黃白術娶妻方氏偉常從駕而無時衣妻請致兩縑縑無故至前偉按枕中鴻寶作金不成妻即因偉爐中水銀出囊中藥少許投之即成金

偉大驚曰道在汝處而不早告我何也妻曰得之須由命偉乃日夜說誘之賣田宅以供美食衣服猶不肯告偉偉乃與其侶謀欲杖其妻妻輒知之曰傳道必當得人如其人雖道路相遇當傳之如非其人雖寸斷而支解終不傳也偉仍逼之不止妻乃發狂裸而走以泥自塗遂卒乃尸解去

巫炎

巫炎字子都北海人漢武帝出遊渭橋見子都

頭上紫光

逆則成仙

頭上有紫氣高丈餘帝召問之君年幾何炎曰臣年今已一百三十八歲帝問有何道術炎曰臣年二十五時苦腰脊疼痛腳冷口中乾苦舌燥涕出百節四肢皆痛足痺不能久立得此道以來已七十三年有子三十六人身體強健氣力如壯時帝曰可得言乎炎曰臣誠知此道為真然男女之事臣子之所難言又行之皆逆人情樂此者少故不敢以聞帝遂受法炎年二百餘白日昇天武帝後頗

服朱砂
滿身赤
迹
年至萬
歲

行其法。未能盡用之。然得壽勝于他帝遠矣

黃安

黃安。代郡人。年八十餘。貌若童子。常服朱砂。舉身皆赤。不着衣。坐一神龜。龜廣三尺。時人問子坐龜幾年。曰。三千歲乃一出頭。我得龜以來。已五出頭矣。行則負龜而趨。世人謂安年萬歲。漢武帝聞有異迹。乃與論虛無神仙之事。帝每屈焉。及封泰山。詔董謁李充孟岐郭瓊黃安五人同輦。謂之五仙臣。帝崩後。即去

大蛇爲怪

三人輒仆地

不知所之

壽光侯

壽光侯者能劾百鬼衆魅令自縛見形其鄉人有婦爲魅所迷侯爲治之得大蛇數丈死於門外又有神樹人止其下者輒死鳥過必墜候復治之樹盛夏枯落有大蛇長七八丈懸死樹間漢武帝聞而召見假試問之曰吾殿下夜半後常有數人絳衣被髮持火相隨能治之乎曰此小怪易消耳僞使三人爲之

候乃設法。三人登時仆地無氣。帝大驚曰。非魅也。朕相試耳。解之而甦。

稷丘君

稷丘君者。泰山中道士。漢武帝時。以道術受賞賜。髮白返黑。齒落更生。後罷去。上東巡泰山。君乃冠章甫。衣黃衣。携琴來迎武帝曰。陛下勿登山。必傷足指。及數里。左足指折。上諱之。但祠而還。為君立祠。復置百戶。使承奉之。

劉安

劉安。漢高帝孫。封淮南王。好儒學方技。作内書二十一篇。又着鴻寶萬年三卷。論變化之道。有八公往詣之。門吏自以意難問之曰。王上欲得延年却期不老之道。中欲得博物洽聞精義之大儒。下欲得勇敢武力。扛鼎暴虎橫行之壯士。今先生老矣。應無註書之術。賁育之勇。三者並乏。不敢相通。公笑曰。聞王敬賢好士。吐握不倦。苟有一介莫不畢至。古人貴九九之學。養鳴吠之士。且市馬骨。致騏驥。吾

八公俄頃為少年

等雖鄙不合所求就令見王無益亦不為損柰何限之若王必欲見少年則謂之有道見垂白則謂之備人恐非發石取玉探淵索珠之謂也言畢忽變為十五歲童子露髻青髮色如桃花於是門吏驚悚馳報王聞之不及屣即跣足出迎以登思仙之臺列錦綺之帷設象牙之床燔百和之香進金玉之几穿弟子之履北面拱手而言曰安以凡才少好道德八公忽復成老人乃告王曰聞王好道故

畫地為江撮土為山

來相從。但未知王何所欲耳。吾一人能坐致風雨。立起雲霧。畫地為江湖。撮土為山岳。一人能崩高塞淵。收虎豹。致龍蛇。役神鬼。一人能分形易貌。坐在立亡。隱蔽三軍。白日盡瞑。一人能乘虛步空。起海淩烟。出入無間。呼吸千里。一人能入火不焦。入水不濡。刃之不傷。射之不中。冬凍不寒。暑熱不汗。一人千變萬化。恣意所為。禽獸草木。立成轉徙山川陵岳。一人能防災度厄。濟邪却害。延年益壽。長生

煎泥
點金

又視一人能煎泥成金煆鉛為銀水煉八石飛騰流珠乘龍駕雲浮遊太清惟王所欲安乃叩拜身進酒果請歷試之皆驗遂授册經及三十六水銀等方藥成未服而安有子名遷好劍郎中雷被與遷為劍戲而誤中遷被懼誅與其黨伍被共上書天子告安謀反天子使宗正持節治安八公告安曰可以去矣此乃天所以遣王頗王勿疑乃與安登山大祭埋金於地即白日昇天八公與安所踐之

石皆隨至今有人馬之迹存焉。一云。王同昇天。所弃置藥臼雞犬舐之並得輕舉。雞鳴雲中。犬吠天上。一云安得鴻寶萬年之術。仙去位大極真人。

尹澄

尹澄。字初默。後改名林。汾陽人。經行太山。遇石上懸一青芝。夜望有光。採而服之。遂日行六七百里。又於峩眉山中。遇仙人宋君授以三皇內文九冊秘訣。澄脩之。大驗。遂能封山嶽

能使鬼怪自縛

食桃皮

投符木中。水為逆流百步。洪濤頓息。以藥救暴死者皆即活。治鬼怪能使自縛而來。年三百四十餘歲。漢昭帝元始元年。太微帝君遣仙官下迎。授為太微真人。

黃子陽

黃子陽。後魏人。知長生之訣。住博落山中。九十餘年。但食桃皮。飲石中黃水。司馬季主以導仙八方傳之。遂能度世。

焦先

施薪

火燒雪
壓俱無
恙

焦先字孝然河東太陽人年一百七十常食白石光日伐薪施人從樹頭一家起周而復始人或為具食先則食之亦不與人語若其門無人則置薪于人門閒便去及魏受禪居河之湄結草為菴獨止其中數日一食太守董經往視之亦不與語後野火延燒其菴先危坐菴下不動衣亦不焦又更作菴時天大雪菴為壓倒人往視之不見先所在恐已凍死乃拆菴索之見先熟卧于雪下顏色休休然

如醉臥之狀。人乃知其異。欲從之學道。先曰。我無道也。後二百餘年。乃與人別去。不知所適。魏書云。自羲皇以來。一人而已。

陰長生

陰長生。新野人。和帝陰后之曾祖也。不慕榮位。潛心好道。聞馬明生得度世法。乃入諸名山求之。至南陽太和山中。得見明生。遂師事之。明生不教以度世之道。但旦夕與談當世事。十年餘。長生不少怠。時共事明生者十二人

扶適二十年不怠

煑黃土為金

煉黃金萬斤施人

皆怨恚而去獨長生禮敬彌篤如此者積二十年明生始問其所欲長生跪曰乞生爾明生哀其語而告之曰子真求道者也始將長生入青城山煑黃土為金以示之即日授以太清金液神丹乃别去於是長生入武當山石室中合丹先服半劑未即昇天乃大作黃金數萬斤以施天下窮乏施盡再服丹半劑白日昇天

南陽公主

南陽公主下嫁王咸漢綏和間王莽秉政謂咸曰國危世亂但當一而脩身咸不能從公主遂於華山結廬歲餘精思冊道乘雲冉冉而去咸追之昇層嶺漠然無迹忽於嶺上見遺朱履一雙取之已化為石後人名其峯曰公主峯

江妃二女

江妃二女不知何許人出遊江湄逢鄭交甫解所佩二明珠與之交甫別去行數十步女不

見珠亦隨失。

欒巴

欒巴。成都人得仙道。後漢朝爲尚書。正月朔日朝見。帝賜酒不飲。向西南噀之。有司奏不敬。巴謝曰。臣本縣城東有火患。故噀酒以救之數日。成都果奏火災。得雨從東北來。遂息。雨中有酒氣。

靈壽光

靈壽光扶風人。年七十餘。得朱英丸方。合而服

死後百日於寄書

布席渡江

呪枯樹生花

之。轉更少壯。年如二十時。漢獻帝建安元年光已年二百二十歲。常寄寓江陵胡田家。無疾而卒。田殯埋之。百餘日。人復見在小黃。寄書與田。田得書發棺視之。中無所有。釘亦不脫。唯履在棺中。

趙丙

趙丙。後漢東陽人。曾遊行。道遇故人。便酌水為酒。削一桁為脯。皆得醉飽。又曾至渡頭。求舡不得。乃布席於水而渡。又呪枯樹。便生花葉

瞿武

瞿武。後漢人也。七歲絕粒。服黃精紫芝。入峨眉山。天竺真人。授以真訣。乘白龍而去。今蜀州有瞿君祠

上成公

上成公。密縣人。遊行久不還家。後歸語其家人曰。我已得仙。因辭而去。家人見其舉步漸高。凌虛空中。良久乃沒。陳寔韓韶。共見其事也。

毛伯道

服茯苓成仙

毛伯道劉道恭謝稚堅張兆期皆後漢時人也同入王屋山學道四十餘年共合神丹伯道先服即死次道恭服之亦死稚堅兆期不敢服棄藥而歸未出山忽見伯道道恭各乘白鹿在山上仙人執節從之二人悲愕悔謝道恭授以服茯苓方二人後亦度世

方回

方回為人所刼閉戶室中歘傳其道回化身而去更以一丸泥封其戶以方回印印之

一云京兆咸陽北西縣人

鍾離簡

鍾離簡後漢人為郎中與弟權入華山三峯得道白日昇天

鍾離權

鍾離權燕臺人後改名覺字寂道號和谷子一號王陽子又號雲房先生父列侯官雲中府生真人誕之時異光數丈狀若烈火侍衛皆驚真人之相頂圓額廣耳厚眉長目深鼻聳口方頰大脣臉如丹乳遠臂垂如三歲兒畫

碧眼
胡僧
饒舌

夜不聲不哭不食第七日躍而有聲曰身遊紫府名書玉京及壯仕晋為大將征吐蕃失利真人獨騎奔逃山谷迷路夜入深林過一胡僧鬅頭拂額體掛草結之衣引行數里到一村庄曰此東華先生成道處將軍可以歇泊矣析別而退真人未敢驚動莊中良久聞人語云此又碧眼胡人饒舌也一老人披白鹿裘扶青藜杖抗聲前曰來者非大將軍鍾離權否真人應曰是老人復曰汝何不寄宿

小僧之所。真人聞而大驚。知其爲異人也。是
時方脫虎狼之穴。遽有鸞鶴之思。乃回心向
道。哀求度世之方。於是老人授以長真訣。及
金丹火候。青龍劍法。真人告辭出門。回顧莊
居。即不見其處。後再遇華陽真人。傳以太乙
刀圭。火符內丹。洞曉玄玄之道。又遇上仙王
玄甫。得長生訣。遊雲水。至魯居鄒城。入崆峒
於紫金四皓峰居之。再得玉匣秘訣。遂仙去
云。

日月想崑崙山三十年

常存青內赤三氣

莊伯微

莊伯微。漢時人。少好道。不知求道之方。惟以日入時。正西向北。閉目握固。想崑崙山。積三十年。後見崑崙山人。傳以金液方。合服得道。

范幼冲

范幼冲。遼西人。曾為漢尚書郎。善解地理。受胎化易形之道。常以旦存青白赤三氣。各如綖。從東方日下。直入口中。挹之九十過。自飽便止。行之十年。身中自有三色之氣。遂得神仙。

服七星散三十日得仙

此爲元君太素內景法真誥云范監者即其人也

陳永伯

陳永伯南陽人得淮南王七星散方服之二十一日忽然不知所在永有兄子名僧族年十七亦服之其父繫其足閉於密戶中晝夜使人守視一十八日亦復不見不知所之本方云服之三十日得仙陳氏二人服之未三十日而失所在后人不敢服仙去必有仙官來

迎。但人不見之耳。

蕭綦

蕭綦。漢末彰德人。脩道天平山延壽宮。善吹簫。能致鳳鸞翔集。號碧霄真人。道成白日冲舉。

王仲都

王仲都。漢人也。一云道士。學道於梁山。遇太白真人。授以虹冊。能禦寒暑。已二百餘年。漢元帝召至京師。試其方術。冬月令仲都單衣乘駟馬車於上林昆明池。環水馳走。帝御狐裘

而猶覺寒。仲都貌無變色。背上氣烋烋然。又當盛夏。圍以烈火十爐。口不稱熱。身不流汗。後亦仙去。孫思邈。常於峩眉山。棲真習道。仲都與三五人。假為獵夫。過其居。試之。因論長生之旨。遂授道思邈而去。

王褒

王褒。字子登。范陽人。漢安國侯七世孫。少好道。入華山九年。一日夜半。忽聞林澤中。有人馬簫鼓之聲。須臾漸近。望見千乘萬騎。浮空而

玄洲須臾而至

至神人乘雲車手把虎符暫停車而呼褒言曰吾太極真人西梁子文也聞子好學勤勞故來語汝汝名登上清他日位當小有司掌寶籍為天王之任但注心四景勤慕上葉道自成也後隱洛陽山中得遇南極夫人西城真人授以太上寶文大洞真經等書携褒觀玄洲須臾而至四面大海懸濤千丈洲上宮闕樓觀悉皆瓊瑶謂褒曰此仙都也太上丈人處之乃携褒入紫極宮見丈人丈人着流

霞羽袍冠芙蓉之冠腰帶神光手把大鈴侍女數百太上丈人謂西城真人曰彼所謂王子登乎既幸遇良師將得之矣夫人笑因命褒拜拜畢夫人乃授以上清隱書龍文八靈真經二卷雲碧陽水晨飛丹腴二朱褒拜服之由是道成上帝賜以飛飈之車遍歷群仙洞府盡傳天書秘要上清玉晨帝君賜以寶芝褒餌之即身成金色項映圓光授為太素清虛真人領小有天王治王屋山洞天之蛻

給玉童玉女各三百人主領上清玉章及九天玄文六合秘籍得乘龍輦虎旂玉輪金蓋出入上清受事太素宴寢太極也

蘇林

蘇林字子玄濮陽人少禀異操訪真之志彌篤嘗負擔至趙師琴高先生時年二十一受煉氣益命之道琴高初為周康王門下舍人以內行補精術及冊法能水遊時已九百歲唯不死而已非飛仙也後乘赤鯉入水或出入

人間。而林託景冊霄。志不終此。後跋師華山仙人仇先生。仇先生者。湯王時木正也。服胎食之法。於還神守竅之事。大得其益。先生曰。子真人也。當學真道。我迹不足躡也。乃致林於消子。消子者。真人也。既見之。遂授以真訣。

先尖
三尸

告林曰。欲作地上真人。必先服藥。除去三尸。殺滅穀虫。三尸者。一名青姑。伐人眼。令人目暗而皺。口臭齒落。盖由此青姑之氣穿鑿泥丸也。二名白姑。伐人五臟。令人心耄氣少喜

亡荒闕蓋由白姑貫穿六腑之液也三名血
尸伐人胃營令人腸輪煩滿骨枯肉焦志意
不開所思不固失食則饑悲愁感歎精神昏
怠蓋由血尸流噬魂胎之関也若不去三尸
而服藥者谷食雖斷虫猶不死徒絕五味雖
勤吐納亦無益焉若其虫生而求人不死不
可得也故凡欲求真當先服制虫丸制虫丸
者一名初神去本丸也欲作真人當先服制
仙丸制仙丸者太上八瓊飛精之丹也子當

急脩服之。一日忽告林曰。我被帝召。上補中黄四司大夫。領北海公。今當去矣。別後林乃於涓子寢室。得書一幅。乃遺林者。其文曰。五斗三一大帝所秘。精思二十年。三一相見授子書矣。但有三一。長生不滅。況復守之乎。能存三一。名刊玉札。況三一相見乎。吾餌术餐精三百年。服氣五百年。精思六百年。守三一三百年。守洞房六百年。守玄册五百年。中間復周遊名山。囬翔四岳。休息洞室。守形思真。

賣履試人

二千八百餘年，今始被召上補天位，子其勗之。林省書流涕。林乃奉法精修，道成，周遊天下，分形散影，寢息毋陵賣履市巷，以試世人，人莫能識也。漢元帝神爵二年三月六日，告弟子周季通曰：我昨被玄州召為真人，上領太極中侯大夫，今與汝別矣。明旦果有雲車羽蓋，驂龍駕虎，侍從數百人迎林，林即日登天，冉冉從西北而去。

劉根

祠太守父母相見

劉根京兆長安人漢成帝時入嵩山學道遇神人授以秘訣遂得仙用術濟人潁川太守史祈以為妖遣吏召根欲戮之至府祈曰能召鬼即至不爾當戮根曰甚易借筆書符忽見兵甲縛二囚廳前祈熟視乃父母也即驚愕流涕罵責祈曰汝何得罪神仙乃累親如此太守伏罪求赦方解根遂不見一云根初學道到華山見一人乘白鹿從十餘玉女根稽首乞一言神人曰汝聞有韓衆否曰聞之神

喪後三年復見

人曰我是也

谷春

谷春櫟陽人漢成帝時為郎疫死而尸不冷家發喪行服猶不敢下釘三年更著冠幘坐縣門上邑中人大驚家人迎之不肯歸發棺有衣無尸留門上三日去之長安坐橫門上人知而追之復去之太白山立祠於山上時來至於祠中宿焉

梅福

仙霞開
遇空同
君

梅福，字子真，壽春人，仕漢為南昌尉。見王莽專政，知世將亂，乃棄家求仙，遍遊鴈蕩南閩諸山。後入仙霞山，遇空同仙君，授以內外册法，入雞籠山，脩煉不成，乃至鮘江西嶺，再遇空同仙君自雲中而降，謂福曰，汝之緣在飛鴻山也。福遂徃飛鴻山，結菴脩煉，卅成，趣装，復還壽春。一日，紫霧浮空，雲中仙樂紛紛，金童玉女捧詔，控鸞從空中而下，福拜詔辭家，乘青鸞，飛昇而去。一云福為南昌尉，成帝委任

王鳳福上書極諫棄妻子而去遊於會稽變
姓名為吳門市卒今城中有吳市門即其隱
處宋元豐間封壽春真人

魏伯陽

魏伯陽吳人性好道術不樂仕宦入山作神丹
將三弟子知兩弟子心不盡誠丹成而試之
曰金丹雖成當先試之以飼犬犬無恙人方
可服之若犬死不可服也伯陽入山時曾携
一白犬自隨凡丹數轉未足和合未至者稍

有毒服之則暫死。伯陽乃以毒丹與白犬食之。犬即死。伯陽曰作丹恐未成。今犬死。無乃未得神明之意耶。人服之恐復如犬。柰何。弟子曰。先生當服之否。伯陽曰吾背違世路委家入山。不得仙吾亦恥歸。死與生同。吾當服之。伯陽服丹。丹入口即死。一弟子曰。師非凡人也。服丹而死。得無有意耶。亦服之。入口亦死。餘二弟子乃相謂曰作丹求長生。爾今服丹即死。不如不服。尚得數十年活耶。遂不服

乃共出山。欲為伯陽及死弟子求棺木殯具。二人去後。伯陽即起。將煉成妙丹。納死弟子。及白犬口中。須臾皆活。於是將服丹弟子姓虞者。及白犬。仙去。逢入山伐薪人。作手書與鄉里人。寄謝二弟子。弟子見書。始大懊惱。伯陽嘗作參同契五相類。凡二卷。其說似解周易。其實假借爻象。以論作丹之意。

龍述

龍述。字伯高。京兆人。漢建武中。為零陵太守。後

立焚不死

於金山得神芝實大如梧桐子伯高治而服之日餌一刀圭服二年得仙尸解去

姚光

姚光不知何許人得神冊能分形散影坐在立亡火之不焦及之不傷吳主親試之積柴數千束令光坐其中四面發火焚之煙焰蔽天觀者盈都下咸謂光必煨燼矣火息後光從灰中振衣而起神容晏如也手把一卷書吳主讀不能解後復見于唐武德中

明見平地十里小物

東郭延

東郭延，山陽人，服靈飛散，能夜書，在冥室中，身上生光，照耀一室，又能望見平地數十里小物，辨其形色，凡見人，即能逆知其死生，一如其言，年四百歲，絶無老狀，一旦有數十人来迎之，比隣盡見，乃與親故辭别而去，云詣崑崙山。

呂恭

呂恭，字文敬，少好服食，将一奴一婢，於太行山

中採藥忽有三人在谷中因問恭曰子好長生乎恭曰然一人曰我姓呂字文起一人曰我姓孫字文陽一人曰我姓李字文上皆太清仙人也汝與吾同姓又字得吾半似有緣當隨我採藥示以長生之方恭大喜之二日乃授恭秘方因遣恭還曰汝来雖二日今人間已二百年矣恭還家但見空野無復子孫惟里中數世後人有趙光輔者傳聞先世有呂恭將一奴一婢入山採藥不復歸今已二

一歲十二變形

百餘年。無知恭有曾孫呂習者。在城東北十里作道士。乃教恭往尋之。得習也。習舉家驚喜曰。仙人歸矣。居久之。乃以神方授習而去。時習年已八十。服之頓少。至二百歲。乃入山去。其子孫世服此藥。無復老死。皆得仙也。

華子期

華子期。淮南人。師祿里先生。受隱仙靈寶方。一曰伊洛飛龜秩。二曰伯禹正機。三曰平衡方。按合服之。日以還少。一日能行五百里。力舉

千斤。一歲十二易其形。後乃仙去。

沈文泰

沈文泰。九嶷人。得紅泉丹砂去土符。延年益命之道。服之有效。欲之崑崙。留安息二十餘年。嘗語李文淵曰。但服去土符。而不服藥行道。無益也。文淵因得秘要。後亦昇仙。後世以竹根汁煮丹。及黄白去三尸法出此二人矣。

子英

子英者。舒鄉人。善入水捕魚。得赤鯉。愛其色好。

持歸養之池中。一年長丈餘。遂生角與翼。子英怪異。拜謝之。魚言我来迎汝。汝上背與女俱昇天。即大雨。子英上魚背飛昇而去。歳〻来歸。仍與妻子同飲食。數日魚復来迎之。如此七十年。故呉中有子英祠云。

廣列仙傳卷之三

明少谷張文介輯

王喬

王喬。河東人。漢明帝時。為尚書郎。出為葉令。漢法。畿內長吏節朔還朝。喬每月朔旦。常自縣來朝。帝恠其來數。而不見車騎。密令太史伺望之。言其臨至。輒有雙鳧從東南飛來。於是候鳧至。舉羅張之。得一舄焉。乃所賜尚書官屬履也。每當朝時。葉縣門外鼓不擊自鳴。聞

飛舄

於京師。後天下玉棺於堂前。人推排。終不移動。喬曰。天帝獨召我耶。乃沐浴服飾。寢其中。蓋便立覆。宿昔葬于城東。自成墳。其夕縣中牛。皆流汗喘乏。而人無知者。百姓為之立廟。號葉君祠。吏人祈禱輒應。

麻姑

麻姑。漢桓帝時王方平過吳門蔡經家。令人與麻姑相聞。有頃而到。經舉家見之。是好女子。手似鳥爪。頂中作髻。衣有文章。而非錦繡。坐

擲米成珠

定。各進行廚。香氣達於內外。擗麟脯行酒。麻姑云。接行以來。東海三為桑田。蓬萊水又淺矣。方平笑曰。聖人皆言海中行復揚塵也。經毋妻見。麻姑以米擲地。皆成真珠。宴畢昇天而去。

天台二女

劉晨。剡縣人。漢永平中。與阮肇入天台山採藥。路迷不得返。經十三日。饑渴。偶望山上有桃樹子實。共取食之。饑止體充。下山取澗水飲

之見一杯流出中有胡麻飯焉喜曰此近人家矣遂度山出一大溪溪邊有二女子色甚美見二人持杯便笑曰劉阮二郎捉杯來劉阮異之二女遂欣然如舊相識曰來何晚因即邀還家南壁東壁各有羅帳絳帳帳角懸鈴上有金銀交錯各有數侍婢便令具饌有胡麻飯山羊脯牛肉甚甘美食畢行酒俄有群女持桃子笑曰賀汝婿來酒酣作樂夜後各就一帳宿婉態殊絕至十日求還苦留半

年氣候草木常似春百鳥啼鳴更切懷鄉歸思甚苦二女曰罪根未滅使君等至此遂相送指示還路鄉邑零落已七世矣却欲尋徃女家尋之不獲晉太康八年失二人所在

王老

王老村居慕道有老道士造留月餘忽遍身瘡瘍謂王老曰得酒數斛浸之即愈王老遂置酒滿甕道士坐甕中三日方出鬚髮皆黑顏如童子謂王老曰能飲此酒可以仙去時方

空中打麥聲

打麥王老全家飲之須臾皆醉忽風動雲蒸一時舉舍皆昇天而去空中猶聞打麥聲

張道陵

佐大川山

張道陵字輔漢豐縣人子房八世孫光武建武十年生於吳地天目山母初夢大人自北魁星中降至地長丈餘衣繡衣以衡薇香授之既覺衣服居室皆有異香經月不散感而有孕及生日黃雲盈室紫氣盈庭室中光氣如日月復聞昔日之香浹日方散身九天二寸

朱頂綠睛

白虎啣符來

龐眉廣顙朱頂綠睛隆準方頤目有三角伏犀貫腦玉枕峰起垂手過膝美髭髯龍踞虎步豐下銳上望之儼然七歲通道德經於天文地理河洛圖緯之書皆極其妙舉賢良方正身雖仕而志在脩煉久之隱北邙山有白虎啣符文置座傍和帝徵為太傅後封冀縣侯三詔不就入蜀愛蜀中溪嶺深秀遂隱其山苦節學道嗇氣養神弟子有王長着習天文通黃老相與煉龍虎大丹一年有紅光照

青龍迸丹鼎　分形散影

室二年有青龍白虎常迸丹鼎三年丹成真人年六十餘餌之若三十許人行及奔馬與王長入北嵩山有繡衣使者告曰中峰石室藏上三皇內文黃帝九鼎太清丹經得而脩之者昇天也其人乃齋戒七日入其室見所履處斑然有篆即掘其地取之果得丹書精思脩煉能飛行遠聽得分形散影之妙每泛舟池中誦經堂上隱几對客杖藜行吟一時並赴人皆莫測其靈異也西城房陵間有白

梓州大蛇吐毒霧

虎神好飲人血每歲其鄉殺人祭之真人召其神戒之遂滅又告梓州有大蛇鳴則山石振動時吐毒霧行人中毒輒死真人以法禁之不復為害順帝壬午歲正月十五夜真人在鶴鳴山夢覺忽聞鑾佩珊珊天樂隱隱香花覆地紫雲滿空瞪目東瞻見紫雲中素車一乘駕五白龍車傍旌旗儀衛甚盛車中一神人容儀若氷玉手執五明寶扇項負八景圓光身六丈餘神光照人不可正視車前一

老君降府中

人勑真人曰子勿驚怖即太上老君也真人禮拜老君曰近蜀中有六天鬼神枉暴生民深可痛惜子其為吾治之使晝夜各分人鬼有别以福生靈則子功無量而名在冊臺矣乃授以正一盟威秘錄三清衆經九百三十卷符籙丹竈秘訣七十二卷雌雄劍二把都功印一枚冠衣方裙朱履一付且曰與卿千日為期後會閬苑真人乃叩頭領訖目昧秘文按法遵行修之千日内顧五臟外集三萬

八鬼帥行病

行青城山殺鬼

六千神。又感王女教以吐納清和之氣。攝伏精邪。行籙中三步九跡。交乾履斗之道。踏魁罡七元。隨兵所指。隱遁出沒。皆得自然。時有八部鬼帥。各領鬼兵。動億萬數。周行人間。劉元達領鬼行雜病。張元伯行瘟病。趙公明行下痢。鍾子季行瘡腫。史文業行寒瘧。范巨卿行酸痟。姚公伯行五毒。李公仲行狂魅赤眼嘔毒嘯禍。暴殺萬民。枉夭無數。真人遂奉老君誥命。佩盟威秘籙。往青城山置琉璃高座

化為大蓮花

左供大道元始天尊右置三千六部真經立十絶靈旛周匝法席鳴鍾扣磬布龍虎神兵衆鬼即持兵刄矢石來害真人真人舉手一指化為一大蓮花拒之鬼衆持火千餘炬來真人舉手一指鬼反自燒乃逕謂真人曰師自住我眉山何為來侵奪我居處師曰汝等殘害衆生所以來伐汝擯之西方不毛之地奉老君命也元達無開言乃會鬼帥兵馬各千萬衆精甲犀刄上山圍繞真人以冊筆遥

畫一陣。鬼衆皆仆。八大王叩頭。求生真人。以冊筆倒書之。鬼衆復蘇。真人呼鬼王曰。汝等進前。聽吾處分。自今速當遠避。勿復行病人間。如違。即當誅之。無留種。鬼王曰。降災下民本自隷我。柰何盡奪願分一半。真人不許。叱出之。鬼王不服。次日復會六大魔王。率鬼兵百萬。再來攖攻。王長曰。鬼甚衆。不可當。柰何。真人曰。子勿驚。吾自能却之。復以冊筆一畫。衆鬼復死。惟六魔王仆地。不能起。仍扣頭求

一筆分山為二

肩石為橋度鬼

投身火中足沓蓮而出

生真人不顧復以丹筆一裁此山遂分為二六魔王欲度不能始大聲哀求云自今而去不敢復來乞往西方娑羅之國而居止焉真人乃許倒筆再畫八師六魔群鬼悉起真人命王長肩一大石為橋度之然群鬼雖攝伏真人猶欲服其心謂之曰試與爾各盡法力以服汝心元遶等曰惟命是聽真人投身入大火中即足履青蓮而出鬼師投身為火所燒真人入木身度木外木即隨合鬼帥投身

天師與鬼帥鬪法

即墜地真人入水乘黃龍而出鬼帥入水為
水所溺真人以身入石透石而出鬼帥投身
纔入一寸真人以身入鉄山透鉄而出鬼帥
纔入半寸真人呪神符一道左手指之鬼斃
右手指之復生鬼帥左右指無生無死元達
等化八大虎犇攫而來真人化三獅子逐之
虎奔走鬼帥又化入大龍欲來擒師真人化
金翅鳥啄龍目睛其龍乃遁鬼帥又化大神
雙持大槌欲擊真人真人化作金剛身長七

天師化身七十萬丈

真人化大石墜鬼

十二萬丈。廣五十三萬圍。戴大冠。負圓光。其十二種無量相。擊大神。大神退走。鬼師等身高十二丈。即墜。真人騰空高百餘丈。上無所攀。下無所乘。鬼神作五色雲。昏暗天地。真人化五色日。炎光輝灼。雲即流散。鬼師變化技窮。真人乃化一大石。可重萬餘斤。以藕絲懸之。鬼師營上。令二鼠争齧其絲。欲壓殺鬼師。鬼師同聲哀告。乞餘生遠去。再不害却生民。真人遂命五方八部。六天鬼神。會盟於青城

山。使人處陽明。鬼行幽暗。六天鬼王。歸於北
酆。八部鬼帥。竄于西域。鬼衆猶躇躅不去。真
人乃口勅神符一道。飛上層霄。湏臾風雨天
仙。兵馬風刀畢至。群鬼滅影而走。真人因至
蒼溪縣雲臺山。謂王長曰。此山乃吾成功飛
騰之地。遂卜居以脩九還七返之功。一日復
聆昔日鑾珮天樂之音。真人整衣叩伏。乃見
老君千乘萬騎來集雲際。徘徊不下。真再拜
泣曰。臣昔夙承寶蔭。親授秘文。乃奉天威戰

老君責天師殺鬼太多

鬼行化。功成退居於此。今飈駕拜臨。不我下降意者。大道離臣。臣共為尸敗乎。老君乃命使者告曰。卿之功業。合得九真上仙。吾昔使卿入蜀。但奪鬼幽獄。區別人鬼。以布清靜之化。而卿殺鬼過多。又擅興風雨。役使鬼神。驅馳星斗。震蕩山川。陰景翳蓄。殺氣穢空。此非大道好生之意。上帝責子之過。所以吾不得近子也。子且退居世間。勤行脩謝。日月二十八宿。二十四氣。陰陽本命主者。謝過之後。更

天師驅毒龍

脩三千六百日。吾待子於無何有鄉。上清八景宮中。言訖。聖駕復去。真人遂依告文。與王長遷鶴鳴山。謂弟子趙昇曰。彼處必有妖怪。乃往除之。遂至其地。值十二神女於山前。姿態妖艷。因告其由。神女答曰。土地陰靈也。真人問曰。此地有鹹泉何在。神女曰。前有大湫。毒龍處之。真人以法召之。毒龍不出。遂書一符。化爲金翅鳳。向湫上盤旋。毒龍驚。舍湫而去。其湫即竭。遂得鹹泉。煎之成鹽。十二神女

十二神女獻環

掩神女于井中

各捧一玉環來獻曰妾等願事箕帚真人受其環以手捐之十二環合而為一謂曰吾投此環于井中能得之者應吾夙命也神女競鮮衣而入井爭取玉環真人遂掩之盟曰令作井神勿得復出彼方之民至今不罹神女之害而獲醎井之利後以真人之諱旌其州今陵州是也過朱江其中多異物為害乃書大山篆符以鎮之其惟遂絶每水涸人猶見其符摹歸供養以屛妖惡重修二千年乃復

領趙昇王長往鶴鳴山一日午時忽見一人朱衣青襟曳履執板二人黒幘絹衣佩劍捧一玉函進曰奉上清真符召真人遊閬苑須臾前後從引千乘萬騎紛然而來中有黒龍駕一紫輦玉女二人引真人登車旋踵至闕闕前榜云擬太玄都正一真人闕真人既至群仙禮謁良久忽二青童又引群仙皆朱衣絳節前導曰老君至矣從者二人可二千許或曰此子房子淵也乃相與騰空而上至一

授真人世世為天師

殿前金階玉砌或謂真人曰將朝太上元始天尊也真人整衣趨進望見殿上圓光照人不可正視移時殿上勅青童諭真人以正一盟威之法使世世宣布為人間天師拜真人為太玄都正一平炁三天扶教輔元大法師勅還人間勸度未悟仍寄諭飛昇之期真人受命乃復返渠亭赤石崖舍出三天正一秘法付王長趙昇於離沅山中敷演其法次還陽平山以飛仙輕舉之法付嗣師仍還鶴鳴

山。桓帝永壽元年正月七日。五更之初。長昇見空中一人駕雲車。大聲言曰。張道陵功已行就。將授以秘籙。言訖。老君駕龍輿。命真人乘白鶴。同往成都。重演正一盟威之旨。說北斗延生經。南斗經。談畢而去。真人欲顯其神跡。乃於雲臺西北半崖間。舉身躍入石壁中。自崖頂而出。其山因成二洞。今崖半曰峻仙洞。崖上曰平仙洞。是年九月九日。在巴西赤城渠亭山中。上帝遣使者。持玉冊。授真人正

舉身入石從頂出

餘冊分王長趙升

一真人之號誥以行當飛昇真人乃以盟威都功等諸品秘籙斬邪二劍玉冊玉印以授其長子衡戒之曰此文總統三五步罡正一之樞要世世一子紹吾之位非吾家子孫不傳謂長昇曰吾有餘冊二子可分餌之今日當隨吾上昇矣亭午群仙儀從畢至玉女二人引真人并夫人雍氏登黑龍紫輿天樂擁導於雲臺峯白日昇天時真人年一百二十三歲也

作字墨痕深入木

王遠

王遠。字方平。東海人。仕漢至中散大夫。博學。兼明天文圖纖河洛之要。逆知吉凶。桓帝連徵不出。後強郡國。逼至京。低頭閉口。不肯荅語。乃題宮門扇。四百餘字。皆言方來事。帝惡之。使人削去。外字適去。內字復見。墨深入木。寄寓。太尉陳躭家。四十餘年。躭家絕無疾病死喪。一日語躭云。吾期運當去。不得復停。明日日中當發至時。方平死。躭知其化去。未敢殯

尸解後復生原形歸家

欽但悲啼焚香。三日三夜。忽然失其所在。衣帶不解。如蛇蛻也。方平去後百餘日。躭亦覺。或謂躭得方平之道。亦化去。

蔡經

蔡經。蘇州人。仙人王方平忽降其家。曰。汝命當得度世。故來教汝。但汝氣少肉多。未能即上天。當作尸解。須臾如從徇竇中過。方告以要言。言訖乃去。經後忽身發熱如火。三日日消耗骨盡。乃入室。以被自覆。忽然失其所在。視

造酒百斛等仙來

其被中但有皮頭足具存如蛇蛻也去後十
餘年忽還家尸解時已老今復少壯頭髮復
黑語家人曰七月七日王君當來乃作酒數
百斛以待其日方平果來舉家聞金鼓簫管
之聲方平着遠遊冠五色綬帶劒面黃色少
鬚乘五龍車車各異色前後麾節旗旗導從
如大將軍出也既至從官皆不知所在惟見
方平經與父兄參畢方平乃遣人迎麻姑少
頃麻姑至經亦舉家見之是好女子年可十

一本作砞

百斛酒
白字

八許頂中作髻餘髮散垂至腰錦衣繡裳光
采耀日皆世所無也坐定各進行厨皆金盤
玉杯麟脯麻姑欲見經母及經婦而經之婦
新産方數日麻姑望見乃知之曰噫且止勿
前索少許米來擲地皆成丹砂方平笑曰麻
姑猶作少年戲也麻姑手指似鳥爪蔡經私
念背痒時得此爪搔之佳方平即知經心中
所思乃鞭經背曰麻姑神人也汝謂其爪可
搔背痒何耶方平去經家所作數百斛酒皆

仙去仍
歸省家

盡。亦不見人飲之也。經父毋私問經。王君常在何處。經曰。常在崑崙羅浮括蒼三山。此三山上。皆有宮室。王君常平天曹事。一日之中。與天仙往還者。數十過也。王君出入。嘗乘一黃麟。所至。山海之神。皆來奉迎。後經仙去。仍暫歸省家。如蘇躭云。

宮嵩

宮嵩。琅琊人。師事仙人于吉。服雲毋數百歲。面色如童。後出入紵嶼山。仙去

救杜燮死三日復生

董奉

董奉字君異候官縣人吳先主時有少年姓余作本縣長見奉年三十餘不知其有道也罷去五十年餘復為他職經候官諸故吏人皆往見故長奉亦同往顏色如昔不異故長宿識之問曰君莫得道耶昔在縣時年紀如君董今已皓白而君猶少也奉曰偶爾後杜燮為交州刺史得毒病死已三日奉時在南方以三丸藥內燮口中令人舉頭搖而消之食

頃熒開目動手足顏色漸還半日中能起坐
遂活後四日乃能語云死時奄然如夢見有
數十烏衣人來收之將載露車上去入大赤
門徑以付獄獄各一户户纔容一人以熒內
一户中乃以土從外封之不復見外恍惚間
有一人言太一遣使者来召杜熒急開去之
聞人以鍾掘其所居户良久引出之見外有
車馬赤蓋三人共坐車上一人持節呼杜熒
上車將還至門而覺熒既活乃為奉起高樓

上楼下楼如飛鳥

奉埋復見

于中庭奉不飲食唯啖脯棗多喜飲酒一日三爲奉設之奉每来燮處飲食下樓時忽如飛鳥便来到座不覺其下其上楼亦如此後從燮求去燮涕泣留之不許燮問曰君欲何所之當爲具大船也奉曰不用船但用一棺器耳燮即爲具之至明日日中時奉死燮使人殯埋之七日有人從岩昌来者見奉寄言爲謝杜侯好自愛重燮乃開棺視之但見一帛丹書一符奉後還廬山下居有一人病癩

垂死自載詣奉扣頭乞哀奉使病者坐一户中以五重布掩其目使勿搖動乃勑家人莫近病人云似有一物來舐之痛不可堪度此物舌當一尺許其氣息大小如牛竟不知何物良久乃去奉乃往解病人之巾以水與飲遣去云不久當愈且勿當風十數日間病者身体通赤無皮甚痛得水浴即不復痛二十餘日即皮生瘡愈身如凝脂後嘗大旱百谷焦枯縣令丁士產謂綱紀曰董君有道必能

病愈者
但使栽杏
酬之

致雨。乃自齎酒脯見奉。奉曰。雨易得爾。因仰視其屋曰。但貧家屋漏。柰何。縣令解其意。即遣人為奉造屋。屋成。當泥塗。使人取水作泥。奉曰。不煩運水。日暮自當雨也。其夜果大雨。高下皆足。奉居山間。呪水治病。不取錢物。重病愈者。但使栽杏五株。輕者一株。如此数年。計得杏七萬餘根。森然成林。山中群獸遊戲樹下。竟不生草。有如耘治也。杏每熟時。奉於樹下作一簞倉。語時人曰。欲買杏者。不須來

虎逐偷杏人

報徑自取之但將穀一器置倉中即自取杏一器每有納穀少而取杏多者即有虎隨後逐之其人怖懼而走其多取杏即傾覆地上虎即還去又有偷杏者至家忽死其家速送杏還叩頭謝過死者即活自是買杏更無欺者奉以其所得糧穀賑救貧窮供給行旅歲消三千斛穀尚有餘縣令親故家有女為精邪所魅醫不能治語奉曰君若能愈之即當以此女傳巾櫛奉乃召勑諸魅有大白鼉長

丈六尺。陸行詣病者門。奉使者斬之。女病輒愈。遂以女妻之。久無兒息奉每出行、妻不能獨住。乃買一女伴之奉一旦受上帝命。援碧虛太一真人。白日飛昇。婦及養女。猶守其宅賣杏取給。有欺之者。虎逐之如故。後人即於其種杏處建祠祀之。

介象

介象。字元則。會稽人。通五經百家之言。能屬文隂脩道法。入東嶽。受禁制之術能茅上然火

能使一
市人皆
坐不起

煮鷄。鷄熟而毛不焦。能令一里内。不炊不爇
鷄犬三日不鳴不吠。能令一市人皆坐不起
能隱形變化。為草木鳥獸。嘗遠遊數千里。求
仙不值。乃入山精思。冀遇仙。疲極卧石上。有
一虎。往噬象。象睡寤。見虎。謂之曰。君天使汝
来侍衛我。汝且停。若山神使汝来試我。汝速
去。後入山。見穀中石子。有紫光。大如鷄子。因
取兩枚。穀水深。不得度。乃還。山中見一美女。
年十五六許。顔色非常。衣服五彩。盖仙人也

象叩首乞長生之方女子曰汝急送手中物還故處乃来吾於此待汝象以石子送至穀中還見女子仍在舊處象復叩首女曰汝血食之氣未盡斷穀三年更来吾止此象歸斷穀三年乃復往見此女果在前處乃以冊方一首授象告曰得此便仙勿他為也象尚未合藥有人密表奏象于吳主吳主徵象至武昌甚敬重之稱為介君為象起第宅以御帳給之賜遺前後累千金從象學隱形之術試

殿前掘坎釣鯔魚

還後宮。及出入殿中。莫有見者。又令象變化。種瓜菜百果皆立生。一日吳主與象論鱠魚何者最上。象曰。鯔魚為上。吳主曰。此魚生海中。可得乎。象曰可得。但令于殿前掘坎。著水滿之。象垂鉤坎中。須臾得鯔。吳主驚喜。問象曰。可食否。象曰。故為陛下取作鱠。何不可食。象屢求去不許。一日吳主賜梨一奩。象食之隨死。吳主殯埋之。次日已至建業。以所賜梨付苑吏種之。吏後以表聞。吳主視其棺中。惟

一奏版符耳。吴主思象。即以象所住屋為祠。
時躬祭之。常有白鶴來集座上。良久乃去。後
弟子又見象在蓋竹山中。持白桃花一枝。顏
更少焉。

黃初平

黃初平晉州谿人。年十五牧羊。遇道士。引至金
華山。石室中。四十餘年。其兄初起。尋之不獲。
後遇道士善卜。因問之。曰。金華山中。有一牧
羊兒。初起即隨去。見初平。問羊安在。曰。在山

叱石成萬羊

東往視之。但見白石。初平叱之。石皆起成羊數萬頭。初起願棄妻子學之。後亦成仙。初平號赤松子。初起號魯班。

鮑靚

鮑靚字太玄。陳留人。師左元放。受中部法及三皇三嶽劾召之要。行之神驗。能役使鬼神。封山制魔。晉元帝大興元年。靚往江東於蔣山北道。見一人年可十六七許。好顏色。俱行數里。其人徐徐動足。靚奔馬不及。以漸而遠。因

遇陰長生

陰長生隱形法

問曰相君行步必有道者其人曰吾仙人陰長生也君有心於道故得見我靚即下馬叩拜談論問陰君曰此地十年後當大流血後蘇峻之亂果足十年又云君慕道久矣吾當度爾仙法凡得仙者尸解爲妙上尸解用刀下尸解用竹木皆以神丹染筆書太上太玄陰生符於刀其刀須臾即如所度者面目死於牀上矣其真人遁去勿復還家家人謂刀是其人也陰君乃傳靚此道又與靚論晉室

煑白石飯

冢中刀作雷鳴

脩短之期皆驗。羅浮開山志云。惟川居羅浮時。靚為南海太守。以道術見稱。嘗行部入海。遇風飢甚。取白石煑食之。與葛稚川善。常往来山中。或語論達旦。乃夫人見其来門無車馬。獨雙燕往來。或怪而問之。則雙履也。墉城集仙録云。靚以女真[illegible]洪。靚後還丹陽。卒葬於石子岡。後過蘇峻發棺。無尸。但有大刀而已。賊欲取刀。聞冢左右有兵馬之聲。頓之驚駭棺中刀。訇然有声。若雷霆之音。衆賊奔走。賊

平之後。收刀別葬之。晉書云。鮑靚字太玄東海人。年五歲。語父母云。本是曲陽李家兒。九歲墮井死。其父母尋訪。得李氏推問。皆符驗。靚學兼內外。明天文河洛書。後見仙人陰君授道訣。百餘歲卒。

劉諷

劉諷。潁川人。漢景帝時。仕爲公車司馬。事司馬季主得服日月精華之道。晚歸鄉里。託形杖履而去。

刀斷能使復合

李阿

李阿者。三國時蜀人。相傳。容顏常不老。每乞食成都市。所得隨多少。盡皆施與貧者。夜去朝還。市人莫知其蹤跡。有古強者。疑阿是異人。常親事之。試隨阿還所宿。乃在青城山中。強每隨之。恐山中有虎狼。私持其父大刀。阿見而怒強曰。汝隨我行。那畏虎也。取強刀以擊石。刀折。強憂之。至旦阿問強曰。汝憂刀折耶。曰。實恐父怒。阿即取刀擊地。刀復如故。以還

強強一日隨阿還成都道中逢人牽車阿以足置車下轢其足骨皆折阿輒死強牽視之須臾阿復起其折足平好如故強時十八見阿如五十許人至強年八十餘而阿容色猶如故一日語人曰吾被崑崙召當去遂不復還

張魯

張魯字公期嗣師長子也仕漢為漢中太守後隱身學道以符法治病致米一斗病立愈久

米數萬

或為童子或為仙翁

之積米鉅萬曹操遣将攻漢中師以手版畫地成河怒濤洶湧兵不得渡其将復統水兵至岸師又以手版畫其河中輙出一峰高千餘丈兵不能進後脩煉白日昇天

介琰

介琰不知何許人住建安方山師白羊公杜必受玄一無為之道能變化隱形常往東海暫過抹陵吳主孫權禮之為琰起靜室一日之中數遣人問起居琰或為童子或為老翁無

時跳入壺中

所食啖不受餉遺吳主欲學其術琰以吳主多内御乃不傳法吳主怒救縛琰著甲士引弩射之弩發而繩索猶存不知琰所之耳

費長房

費長房汝南人曾為市椽市中有老翁賣藥懸一壺於肆頭及市罷輒跳入壺中市人莫之見惟長房於樓上覩之異焉因往再拜奉酒脯翁知長房之意其神也謂之曰子明日可更來長房旦日復詣翁翁乃與俱入壺中唯

青竹代

見玉堂嚴麗旨酒甘肴盈衍其中共飲畢而出翁終不聽與人言之後乃就樓上候長房曰我神仙之人以過見責今事畢當去子寧能相隨乎樓下有少酒與卿為別長房使人取之不能勝又令十人扛之猶不舉翁聞笑而下樓以一指提之而上視器如有一升許而二人飲之終日不盡長房遂欲求道而顧家人為憂翁乃斷一青竹度與長房身齊使懸之舍後家人見之即長房形也以為縊死

杖投葛陂爲龍

大小驚號遂殯葬之長房立其傍而莫之見也於是遂隨從入深山踐荊棘於羣虎之中留使獨處長房不恐又臥於空室以朽索懸萬斤石於心上衆蛇競來齧索且斷長房亦不移翁還撫之曰子可教也復使食糞糞中有三蟲臭穢特甚長房意惡之翁曰子幾得道恨於此不成如何長房辭歸翁與一竹杖曰騎此任所之則自至矣既至可以杖投葛陂中也又爲作一符曰以此主地上鬼神長

一日間
人見在
千里外
數處

房乘杖。須叟來歸。自謂去家。適經旬日。而已十餘年矣。即以杖投陂。顧視則龍也。家人謂其久死。不信之。長房曰。往日所葬。但竹杖耳。乃發冢剖棺。杖猶存焉。遂能醫療衆病。鞭笞百鬼。及驅使社公。或在他坐。獨自恚怒。人問其故。曰。吾責鬼魅之犯法者耳。又嘗坐客。而使至宛市鮓。須叟還。乃飯。或一日之間。人見其在千里之外者數處焉。後失其符。為衆鬼所殺。

蒯子訓

蒯子訓有神異之道。既到京師。公卿以下候之者。坐上恒數百人。皆為設酒脯。終日不匱。後因遁去。遂不知所止。初去之日。唯見白雲騰起數十處。後人於長安東霸城見之。與一老公共摩挲銅人。相謂曰。適見鑄此。而已近五百歲矣。見者呼之曰。蒯先生小住。並行應之。視若遲徐。而走馬不及。

徐行走馬不及

左慈

銅盆釣鱸魚

走入壁中

左慈字元放廬江人少有神道嘗在曹操坐中操笑顧衆賓曰今日髙會珍羞畧備所少吳松江鱸魚耳慈因求銅盤貯水以竹竿餌釣於盤中須臾引一鱸魚出操又謂曰既已得魚恨無蜀中生薑耳語須臾即得薑還操出近郊士大夫從者百許人慈乃為齋酒一升脯一斤手自斟酌百官莫不醉飽操怪之使尋其故行視諸鑪悉亡其酒脯矣操懐不喜因坐上收欲殺之慈乃郤入壁中霍然不知

老羝作人言

所在。或見於市者。又捕之。而市人皆變形與慈同。莫知誰是。後人逢慈於陽城山頭。因復逐之。遂走入羊群。操知不可得。乃令就羊中告之曰。不復相殺。本試君術耳。忽有一老羝屈前兩膝。人立而言曰。遽如許。即競往赴之。而群羊數百。皆變為羝。並屈前膝人立。云遽如許。遂莫知所取焉。

朱孺子

朱孺子。三國時。永嘉安固人。幼師道士王玄真。

枸杞叢中花人

居大若岩深慕仙道常採黃精服餌歷十餘年嘗於溪畔見二花犬逐之入枸杞叢下與玄真共掘其叢乃得二枸杞根形狀如花犬堅若石乃煑之三晝夜孺子試取汁飲之即覺身輕能飛昇於前峯之上與玄真謝別乘雲而去至今號其峯為童子峯玄真後食其餘亦得不死乃隱于是岩之西陶山有採樵者時或見之

嚴青

嚴青會稽人居貧常於山中作炭忽遇神人授書一卷曰汝骨可長生并教服石髓法青受之即見左右常有數十人侍之嘗夜行都巡呵問何人青亦呵問都巡怒叱從兵收之青亦叱從神錄之青徑去而都巡等人馬不能動明旦鄉人曰必嚴公也報其家往謝青乃放去青後斷穀三年仙去

耆域

耆域天竺人神奇人莫能測周流華戎晉惠時

至襄陽欲寄載過江船人見其衣服粗陋輕
而不載俄迸北岸而域巳度前行見兩虎以
手摩其頭虎弭耳而去

孫登

孫登字公和汲郡人無家居郡北山土窟中善
長嘯好讀易撫一絃琴性無恚怒嵇康從之
遊三年問其所圖終不荅康將別謂曰先生
竟無言乎登曰子識火乎火生而有光而不
用其光果在于用光乎人生而有才而不用

飛渡虎　江　一絃琴

其才果在於用才乎。故用光在乎得薪。所以保其耀。用才在乎識真。所以全其年。康又請學琴。登不教之。曰。子才多識寡。難乎免于今之世矣。後登白日昇天

梁諶

梁諶。字考成。扶風人。初事鄭法師于樓觀。晉惠帝永興二年。老君命真人尹軌降于樓觀。授以煉氣隱形之法。及水石還丹術。諶乃隱于終南山。食炁吞符。廣索丹砂為餌。丹成。能飛

耳能听数里声

行變化。目能視地中物。耳能聽數里聲。一日謂門人曰。有友召吾于南峯。今往矣。乃冠服而出。則雲氣迷繞。不見其形。惟聞鼓吹之音。隱隱從空而去

稽康

嵇康字叔夜。時王伯通造一館。但有人宿。至天明必死。伯通見此凶。遂常閉之。至是康留宿館中。一更後。乃取琴彈。二更時見有八鬼從館出。康懼之。徹誦乾元亨利貞三遍。乃問鬼

築墻壓鬼致禍

鬼授叔夜廣陵曲

曰王伯通造此舘。凡有人宿此者。輙死。無乃汝輩殺之耶。鬼曰。我非殺人者。乃是舜時堂樂官。兄弟八人。號曰伶倫。舜受倭臣之言。枉殺我兄弟。葬埋于此。王伯通不知。乃向吾家上築墻。吾等苦其壓。因見人宿者。出擬告之彼見吾等。自懼而死。殊非吾等殺之也。今願先生與伯通言。取吾等骸骨。遷葬他處。期半年。伯通當為本郡太守。今授先生以廣陵一曲。便相酬耶。康聞大悅。遂以琴與鬼。鬼弹一

過。康即能彈。彈至夜。深。伯通往館中視康。聞
琴聲殊佳。因問康。康具言其事。明日伯通使
人掘地。果見八人骸骨。遂別造棺。就高潔處
葬之。後晉文帝時。伯通果為太守。康為中散
大夫。至汲郡山中。見孫登。康遂從之遊。登沉
默自守無所言說。康臨去。登曰。君性烈而才
雋。其能免乎。康又遇王烈。共入山。烈得石髓
如飴。乃自服半。餘半與康。餓凝而為石。又入
石室中。見一卷素書。遽呼康往取之。輒不復

見烈乃嘆曰叔夜屢遇而不遇命也初康居貧嘗與向秀共鍛于大樹之下以自贍給潁川鍾會貴公子也精練才辨及往造焉康不為之禮而鍛不輟良久會去康曰何所聞而來何所見而去會曰聞所聞而來見所見而去會以此憾之因言於文帝曰嵇康卧龍也公無憂天下但當以康為慮耳因譖康欲助毋丘儉帝遂害之斬于東市記纂淵海云南海太守鮑靚通靈士也東海徐寧師之寧夜

石髓頻疑為石

聞靜室有琴聲。怪其妙而問焉。靚曰。嵇叔夜爾。寧曰。嵇斬于東市。何得復在此。靚曰。叔夜雖示終。而實尸解也。

王烈

王烈。字長休。邯鄲人。烈入海東抱犢山中。嘗與嵇叔夜同遊。烈得石髓如飴。即自服半。餘半與叔夜。叔夜既至。皆凝為石。又入一石室。室中有兩卷素書。烈讀。不知其字。不敢取。頗記十數字形体。歸示叔夜。叔夜盡知其字。烈喜。

乃與叔夜同往識之。及至其處。乃失石所在
列因語弟子曰。叔夜未應得仙也。

觀棋斧柯爛

王質

王質。晉時衢州人。入山伐木。至石室山見石室
中有數童子圍棋。質置斧柯觀之。童子以物
如棗核與質。令含咽其汁。便不覺飢渴。童子
云。汝來已久。可還。質取斧。柯爛已盡。質便歸
家。已數百年。親舊零落。無復存者。復入山。得
道。百餘年。有人往往見之。後亦仙去

蘭公

蘭公。曲阜人。精脩孝行。斗中真人。下降其家。自称孝悌王。諱弘康。語蘭公曰。後晋代當有真仙許遜。傳吾孝道。是為衆仙之長。因付以金丹寶經。銅符鐵券。令轉授丹陽黄堂諶女真諶姆。且戒之曰。將來有學仙者。名許遜。汝當以此授之。語訖。與蘭公遊於郊野。道傍有三古冢。指示蘭曰。此是汝三生解化之迹。其第一冢。乃汝昔尸解所遺故衣。第二冢乃太陰

煉形，其形已就，今當起矣。第三冢蓋所藏蛇骨耳。宜移冢傍之路，勿令人物踐履也。孝悌王言訖，升天而去。蘭公乃以金冊等物付諶姆，并移冢傍舊路。人謂其妖妄，乃訟之縣令，拘公。公以前事對。令乃發而視之，其第一冢果有黃衣一領；第二冢見一人，童顏弱質，如寢初覺之狀；第三冢有連環骨一具，衆咸驚嘆。縣令以衣還公。公服之，即同冢中之人合為一體，竦身入雲而去。

茅落處立祠

諶姆

諶姆居丹陽郡黄堂潛脩至道後以銅符鉄券金丹寶章付許君及姆昇天取香茅一根南望擲之許君認茅落處立祠故豫章有黄堂觀

丁義

丁義瑞州人以神方授吳真君女秀英亦成仙今瑞州崇元觀有秀英煉丹之所其丹井今猶存焉

夏衫加絮冬臥雪中

藍采和

藍采和不知何許人常衣破藍衫六銙黑木腰帶闊三寸餘一脚著靴一脚跣足夏則衫內加絮冬則臥於雪中氣出如蒸每行歌於城市乞索持大拍板長三尺餘常醉踏歌老少皆隨看之似狂非狂歌詞多率爾而作皆神仙意人莫之測得錢則用繩穿拖之而行或散失亦不顧或贈貧者或與酒家周遊天下人有自兒童時見之者及班白見之顏狀如

故後於濠梁酒樓上醉中有雲鶴笙簫聲忽然乘雲而上擲下靴衫腰帶柏板冉冉而去其靴衫等旋亦失亡

廣列仙傳卷之三終

口中飯成蜂

廣列仙傳卷之四

明少谷張文介輯

葛玄

葛玄字孝先句容人人號為葛仙公從左慈受卅液仙經嘗與客對食言及變化之事客曰食畢先生作一事為戲者玄曰君得無促促欲有所見乎乃嗽口中飯盡成大蜂數百皆集客身亦不螫人久之玄乃張口蜂皆飛入玄嚼食之是舊飯也玄嘗指石人使行指蝦

夏致氷雪

宴客酒杯自至席前

螟及諸行蟲燕雀之屬使舞絃節皆如人也玄宴客冬設生瓜棗夏致氷雪又以數十錢使人散投井中玄以一器於井上呼錢出於是錢一一飛從井出皆向所投也又為客設酒無人傳杯杯自至前如酒不盡杯不去也帝問曰百姓思雨可得乎玄曰雨易得耳乃書符著社中俄頃大雨常行過一神廟凡過者離百步下車否則有警廟傍有大樹數十根上有數禽人畏莫犯仙公棄車直趋俄然

鞭鬼流血

大風驟起。塵埃蔽天。從者驚怖。仙公怒曰。小邪敢爾。舉手揖風。風即止。以一符令人投廟中。禽鳥皆墜死。廟屋自焚。仙公過武康。見一人家病作。令巫祀妖邪。其邪附巫者。令仙公飲。仙公不飲。而精邪出語不遜。仙公厲聲叱曰。奸鬼敢爾。敕五伯搜精人頭附柱鞭背。但聞鞭聲。出血流地。精人怖謝。仙公嘗過華陰。見一士人。溺于蛇精之家。仙公化作一田夫。驅黃犢而耕。因說士人曰。汝陷身于非地。此

斬蛇救士人

婦人乃蛇精也前後啖生人不計其數引士人看古井中皆是白骨盈積遂教士人密窺之望東而走吾當救獲士人如其言窺之果蛇精也張牙努目在綱帳中附一小蛇兒在身傍仙公誅而斬之即有無數小蛇來救援仙公盡數誅戮畢以一符與士人服即瀉下蚯蚓蝦蟆之類遂得全生仙公又嘗在荊門軍紫蓋山脩煉值天寒太凍仙公跣足衣衫襤褸時有屈家一女窺見憐其忍凍寅夜促

成雙屨次日欲獻之徃煉丹之所仙公已去但存爐灰尚溫二女撥灰而得丹一粒姊妹分而服之自後神氣冲冲不飢不渴惟慕清靜後隱去時人謂得仙矣仙公嘗從吳主船行至三江口阻風船多漂沒仙公船亦不知所在吳主嘆曰葛仙公有道何不能免此遭人求之踰宿忽見仙公水上步來旣至尚有酒態乃謝曰昨伍子胥強邀留飯淹屈陛下於此一日潑會稽有賈人自海中還過一神

華山神寄書

鳥食所得長生

雙鯉化石

廟。廟吏邀賈人曰。煩寄一箋。付葛仙公。言訖。即以書擲舟中。及還白仙公。仙公開函。乃東華山童君書。題曰太極左宮仙書。世人愈知仙公名在天關久矣。仙公嘗于西峰石壁上石臼之中。搗藥。因遺藥一粟許。有飛禽過而食之。遂得不死。至今夜靜。月白風清之時。其禽猶作丁當杵臼之聲。名之曰搗藥鳥。有仙人琴高。聞仙公得道。自東海跨雙鯉而來謁仙公。與之酬飲。既醉。高卧白雲閒。酒醒雙鯉

投符逆水而上

化為石矣。仙公乃以雙鶴贈之。跨之而還。石至今存。嘗有客從仙公泛舟。見箱中有十數符。客曰。此符之驗。可得見否。仙公即取一符投水中。逐水而下。仙公曰。何如。客曰。常人投之亦然。仙公復取一符投之。逆水而上。仙公曰。何如。客曰。異矣。仙公復取一符投之。符即不上不下。須臾上符下符。會于中流。三符聚為一處。良久收之。又于水濱見釣大魚者。謂魚主曰。欲假此魚到河伯。魚主曰。此已死矣。

死魚納冊
口中復生

曰。亦可。以冊書飛。納魚口中。擲于水。躍然而去。嘗有客來謁。既坐。有繼至者。復見仙公。迎與俱入。而座上仙公。自與客談笑。不動。時春寒。謂客曰。居貧不能設爐以致煖。試作火以待諸君。於是口中吐氣。火赫然而出。須臾屋中火滿。又盛暑中醉臥。使人付粉腹上。謂客曰。若熱不能作他戲。乃以腹徐徐上摩屋梁。而粉着梁上。後仙去。

葛洪

賣薪買紙寫書

鮑玄以女妻之

葛洪字稚川丹陽句容人少好學家貧躬自伐
薪以貨紙墨夜輒寫書誦習遂以儒學知名
性寡慾無所愛翫為人木訥不好榮利閉門
却掃未嘗交游時或尋書問義不遠千里期
於必得尤好神仙導法從祖玄學道得仙號
曰葛仙公以其煉丹秘術授弟子鄭隱洪就
隱學悉得其法焉後師事南海太守上黨鮑
玄玄亦內學逆占將來見洪深重之以女妻
洪洪傳玄業兼綜醫術著撰精覈而才章富

著抱朴子
以北述

贍。晉成帝咸和初。司徒王導召補主簿。後選

為散騎常侍。領大著作。俱不就。因年老。欲煉

丹以期遐壽。聞交趾出丹砂。求為句漏令。帝

以洪資高不許。洪曰非欲為榮。以有丹爾。帝

從之。洪遂携子姪俱行。至廣州刺史鄧嶽留

不聽去。洪乃止羅浮山煉丹。在山七年。優游

閑養著述不輟。云世儒徒知服膺周孔莫信

神仙之事。不但笑之。而且謗毀真主。乃著內

外篇。凡一百一十六篇。名之曰抱朴子以示

迷者一日忽與鄧嶽跣云當遠遊尋師就期便發嶽得跣狼狽往別而洪坐至日中死然若睡而卒嶽至遂不及見年八十一視其顏色如生體亦柔軟舉屍入棺如空衣世以為尸解得仙云。

黃野人

黃野人葛洪弟子洪棲山煉冊野人隨之洪既仙去留冊于羅浮山拉石之間野人自外至仙去留冊于羅浮山拉石之間野人自外至得一粒服之為地行仙今肉身尚在世間有

273

紲毛覆体

雲去天一色

緣者或遇之後有人遊羅浮留石巖間中夜見一人無衣而紲毛覆體意必仙也乃再拜問道其人了不顧但長笑數聲聲振林木乃歌詩曰雲來萬嶺動雲去天一色長笑兩三聲空山秋月白其卽野人明矣又宋度宗咸淳中客有戴烏方帽往來羅浮山中見人則大笑反走三年不言姓名他日醉歸忽取煤書壁上云雲意不知蒼海春光欲上翠微人間一墮千劫猶愛梅花未歸書畢渡海而去

赤蛇蟠
御床

其亦野人之儔侶乎。

扈謙

扈謙。魏郡人。精于易卦。嘗在建康。筮一卦。一百錢。日限錢五百。以三百供母。二百飲酒。并施貧寒。五百足。次卦雖千錢。不為也。晋海西公旦出見赤蛇。蟠於御床。俄爾失蛇。詔謙筮卦。謙曰。晋室有磬石之固。陛下有出言之象。海西曰。可消伏否。謙曰。後年應有大將北征失利。應損三萬人。此灾可消。後桓温北征敗績

空衣無尸

還石頭城。乃廢海西。立簡文。桓溫妾產桓玄時至艱。謙筮曰。公第六間馬埒壞竟。便產。當是男兒。聲氣雄烈。震動四海。溫贈錢三十萬。夫人亦贈三十萬。謙辭。無容錢處。請還公。溫不聽。後日筮三卦。袠毋溫錢。日求醉客。不問識與不識。一日毋亡。謙辭酒家許氏。云因緣盡矣。安葬而去。不知所之。數日。許氏家人於落星路邊。見謙卧地。始謂與醉。提手牽引。惟空衣無尸。

王嘉

王嘉字子年隴西安陽人貌醜滑稽好語笑不食五穀不衣美麗不與世人交隱于東陽谷鑿穴言未來事多隱語如讖記當時人莫能曉事過皆有驗符堅南征遣人問嘉嘉曰金堅火強乃乘使者馬正衣冠徐徐東行數百步而策馬馳反脫服棄冠履而歸下馬踞床而不言堅不鮮更遣人問國祚如何嘉曰未央堅欣然以為吉徵明年歲在癸未堅太敗

斬之日已行千里

于壽春，遂亡秦國，是歲在未年也。秦居西為金，晉居南為火，火能爍金也。嘉尋移嵩高山。姚萇與苻登相持，萇問嘉曰：吾將殺登，天下可定否？嘉曰：畧得之。萇大怒曰：得當云得，何畧之有？遂斬之。及二弟子，先是萇遣使隴右，逢嘉將兩弟子千餘里，正是誅嘉日也。嘉仍作書與萇，萇令發嘉及二弟棺，並無尸，各有一竹杖而已。萇尋亡。

楊羲

楊羲句容人學道于茅山又師魏夫人太元十三年乘雲上昇為東華上佐

許遜

許遜字敬之號真君南昌人吳赤烏二年母夢金鳳銜珠墜於掌上玩而吞之及覺腹痛因是有娠而生真君焉生而穎悟姿容俊偉少小踈通與物無忤嘗從獵射一麀鹿中之子墮鹿母猶顧舐之未竟而斃因感悟即折棄弓矢尅意為學博通經史明天文地理音律

以漆金灯繫還士人

五行纖緯之書。尤嗜神仙脩煉之術。聞西安吳猛得至人丁義神方。乃往師之。悉傳其秘。遂與郭璞求善地。為栖真之所。得西山之陽逍遥山。金氏宅而居之。日以脩煉為事。嘗有售鐵燈檠者。因夜燃燈。見有漆剝處。視之金也。明日訪其主還之。晉武帝太康元年。辟為旌陽縣令。時年四十二也。教民以忠孝慈仁。勤儉忍慎。聽訟發擿如神。吏民悅服。歲饑。民無以輸租。郡邑繩以法。真君乃以靈丹點瓦

點礫如金助役民輸納

礫如金令人潛瘞於縣圃一日藉民之未輸納者使服力於後圃民鋤地得金用以輸納遂悉安堵又屬歲大疫死者十七八真君以所得神方拯治之符咒所及登時而愈他郡病民相繼而至者日且千計於是標竹於郭外十里之江置符水於其中便就竹下飲之皆瘥久之知晉室將亂乃弃官東歸蜀民感其德化所在立生祠家供其像啓行之日送者蔽野有送至千里始還者有隨至其宅願

靖猶鋲也

服後而不返者其遺愛及民如此真君常至新吳懸于栢林有女童五人各持寶劍來獻真君異而受之既而皆至真君之家惟日擎劍自娱真君知其劍仙也卒獲神劍之用既而與吳君遊於丹陽黄堂靖聞有女師諶姆多道術遂同往叩以道妙姆曰君等皆夙禀靈骨仙名在天昔孝悌王自上清下降曲阜蘭公家謂蘭公曰後晉代當有神仙許遜傳吾此道當為衆真之長乃留下金丹寶經銅

玄都御史

符鐵券授吾掌之以俟子積有年矣子今来吾當授子乃擇日登壇出金冊寶經銅符鐵券并正一斬邪之法三五飛步之術諸階秘法悉以傳之真君復顧吳君曰君昔以神方為許之師今孝弟王之道獨許君得傳君當返師之也況玉皇玄譜君位玄都御史許君位高明大使總領仙籍品秩相遼又許君司玄枵之野於辰為子統攝十二分野君領星紀之邦於辰為丑次自今宜以許君為長也

擲茅爲祠

腆豊盛也

二君謝訖辭行真君方心期每歲必來謁姍姍即覺逆四子勿來吾即還帝鄉矣因取香茅一根南望擲之曰予歸擲茅落處立吾祠歲秋一至又步二君還首訪飛茅之迹於所居之南四十餘里得之時茅已叢生矣遂建祠宇每歲仲秋之三日必朝謁焉初真君往訪飛茅偶息憇真靖見鄉民盛烹宰以祀神且相詫曰祭不腆則神怒降禍真君曰怪祟敢爾耶乃夜宿於逆旅召風雷伐之拔其林

畫松謝主人

木明日告其里人曰妖社已驅毋用祭也又見人苦遠汲乃以杖刺社前涸澤出泉以濟之雖旱不竭渡小蜀江感江干主人朱氏迎接甚敬乃戲畫一松於其壁其家即日得利加倍後江漲潰堤市舍俱漂惟松壁不壞真君嘗煉丹艾城黃龍山山湫有蛟魅輙作洪水欲漂丹室真君遣神兵擒之釘於石壁過西安縣縣社伯出謁真君問其地有妖物為民害蒋其神匿之真君行過一小廟廟神迎

巨蛇吐氣成雲長四十里

昔因此有蛟害民知仙君来乃徃鄂渚逃矣真君追之至鄂渚路傍逢三老人指曰蛟見伏前橋下真君至橋側使劍叱之蛟驚奔入大江匿於深淵乃勑吏兵驅之蛟從上流奔出遂誅之又聞新吳有蛟真君乃以巨石書符及作鎮蛟文以禁之時海昏之上繚有巨蛇據山為穴吐氣成雲亘四十里人畜在其氣中者即被吞吸無得免者江湖舟船多遭覆溺大為民害真君聞之乃集弟子徃誅之

蛇擧首高千丈

斬巨蛇

初入其界遠近居民三百餘人知真君道法兢来告愬哀求懇切真君曰吾之此来正為是悪當為汝曹除之遂前至蛇所仗劍布炁蛇懼入穴乃飛符召海昏社伯驅之不能出復召南昌社公助之蛇始出穴擧首高十餘丈目若火炬吐毒衝天鄉民咸鼓譟相助是時真君嘯命風雷指呼神兵以攝伏之使不得動吴君乃飛步踏其首以劍劈其顙蛇始低伏弟子施岑甘戰等引兵揮之蛇腹裂有

一千二百四十年江西當出地仙八百人

小蛇自腹中出長數丈其君欲斬之真君曰彼未為害不可妄誅小蛇懼而奔行六七里聞鼓噪聲猶返聽而顧其母群弟子請追而戮之真君曰此蛇一千二百五十餘年後若為民害吾當復出誅之以吾壇前植柏為驗其枝拂壇掃地乃其時也又預讖云吾仙去後一千二百四十年間豫章之境五陵之内當出地仙八百人其師出於豫章大揚吾教江心忽生沙洲掩過沙井口者是其時也此

化炭為美人

後十人俱昇天

時小蛇若為害彼八百人自當誅之蛇子遂得入江真君曰大蛇雖滅蛟精未誅彼物通靈必知吾有除害意恐其伺隙潰郡城吾歸郡乎戟岑二子從我焉時懷帝永嘉六年也真君道術高妙聲聞遠近求為弟子數百人卻之不可得乃化炭為美婦人夜散群弟子處以試之明旦閱之其不為所染污者惟十人爾餘皆自愧而去真君乃與甘施二君歸郡周覽城邑適有一少年美風度衣冠甚偉

蛟精変美少年

蛟精化為黄牛

通謁自稱姓愼禮貌勤恪應對敏給遍告去眞君謂弟子曰適來者非人乃老蛟之精故来見試也体貌雖是而腥風襲人吾故愚之度盡得其醜類爾迹其所之乃在江滸化黄牛卧郡城沙磧之上眞君乃剪紙化黒牛往闘之令施岑潜驰劍往俟其闘酣即揮之施君一揮中其左股牛奔入城南井中眞君遺符吏尋其蹤乃知直至長沙於賈誼井中化為人即入賈玉使君之家先是蛟精嘗慕玉

之女美化為一美少年謁之玉大愛其才乃娶以女居數載生二子嘗以春夏之交孑然而出周遊江湖若為商者至秋則乘巨艦重載而歸皆寶貝珠玉蓋乘春夏大水覆舟所獲也是秋空還紿玉云財貨為盜所刼且傷左股玉求醫療之真君乃為醫士謁玉玉喜召其婿出見醫蛟精覺召懼不敢出玉自起召真君隨至其堂厲聲叱曰江湖蛟精害物非一吾尋蹤至此豈容復藏速出速出蛟精

殺水[illegible]蛟精二子皆為小蛟

計窮乃見本形蜿蜒堂下為吏兵所誅真君以法水噀其二子亦皆為小蛟併誅之賈女亦幾變形其父為求哀真君給以神符故得不變真君謂玉曰蛟精所居其下即水今君舍下深不踰尺皆洪波也可速徙居玉乃遷居高原其地不日陷為淵潭深不可測君復還豫章而蛟之餘黨甚盛慮真君誅之心不自安乃化為人散遊城市訪真君弟子詭言曰僕家長安積世崇善遠聞賢師許君有神

蛟黨化為冬瓜葫蘆

釰。願聞其功。弟子語之曰。吾師神釰指天天裂。指地地折。指星辰則失度。指江河則逆流。萬邪不敢當。神聖之寶也。蛟黨曰。亦有不能傷者乎。弟子戲之曰。惟不能傷冬瓜葫蘆爾。蛟黨以為誠然。繼而盡化為葫蘆冬瓜連枝帶蔓浮泛蒲江。潛流出境。其君晨起。覺妖氣甚盛。乃顧江中。知為蛟黨所化。以釰授施岑。使履水斬之。悉無噍類。江流為之變色。真君曰。此地蛟螭所穴。不有以鎮之。後且復出為

鑄鐵柱以鎮後蛟

患人不能制也乃役鬼神於牙城南井鑄鐵為柱出井外數尺下施八索鈎鎖地脉呪之曰鐵柱若歪其蛟再興吾當復出鐵柱若正其妖永除由是水妖屏迹城邑無虞後世奸雄妄作又為讖記云鐵柱鎮洪州永不出奸雄縱有興謀者終須不到頭其後更立府靖七十餘所皆所以鎮郡邑辟凶災也明帝太寧二年大將軍王敦舉兵內向次于湖真君與吳君同往謁敦冀說止之時郭璞在

木上破天為未字

二君化為白鵠

幕府。乃因璞與俱見敦。敦喜延之。飲而問曰。予夢一木破天。君等以為何如。真君曰。非佳兆也。吳君曰。木上破天。未字也。公宜未可妄動。敦色變。令璞筮之。璞曰。無成。敦不悅曰。予壽幾何。璞曰。公若舉事。禍將不久。若還武昌。則壽未可量也。敦怒曰。君壽幾何。璞曰。予壽盡今日日中。敦大怒。令武士擒璞斬之。真君乃舉杯擲地。化為白鵠。飛繞梁棟。敦一舉目。已失二君所在。後敦竟敗。二君還至金陵。歇賃

二龍挾舟而行

舟上廬山頂

舟至豫章而船主告以乏操舟者真君曰爾但瞑目安坐切勿覗視吾自為汝駕之乃召二龍挾舟而行舟漸凌空俄過廬山頂至紫霄峰金闕洞二君欲遊洞中故其舟稍抹林梢戛戛有聲舟人不能忍竊視之龍即捨舟於層岫之上折桅於深澗之下真君謂舟人曰汝不聽吾言將何所歸乎舟人拜求濟度真君教以服餌靈草遂得辟穀不死隱於此山二君乃各乘一龍遂歸舊隱數十年間不

授為都仙太史

復以時事關意惟精脩至道不時居處不異常人但所居之處鳴鶴翔飛景雲旋繞自東晉亂離江左頻擾真君所居環百餘里盜賊不入閭里晏然年穀屢登人無災害其福被生靈人莫知其所以然也孝武寧康二年真君一百三十六歲八月朔旦有二仙自天而下云奉玉皇命授真人以九州都仙太史高明大使之職紫袍寶節玉膏金冊各一合并告以冲舉之日遂乘雲車而去真君乃與鄉

里耆老諭以行期日設宴飲叙別又與同昇
十一弟子作勸誡詩十首以遺世及以大功
如意丹方授群弟子之不與上昇者此方助
丁義神方中一也是月望日遥聞天樂之音
祥雲冉冉羽盖龍車從官兵衛仙童玉女前
後導從前二使又至真君降階拜迎二仙宣
詔封真君三代賜所居宅曰仙曹左府乃錫
真君昇龍車真君命弟子陳勳時荷擔冊前
導周廣曾亨騶御黄仁覽與其父族侍從肝

四十二口同時白日拔宅昇天

烈與其母部從仙眷四十二口同時白日拔宅昇天鷄犬亦隨有僕許大者與其妻市米於西嶺聞真君飛昇即奔馳而歸倉忙車覆遺米于地米皆復生比至哀泣求從行真君以其分未應仙乃授以地仙之術仙伕既舉有頃墜下藥臼車轂各一又墜一鷄籠于宅之東南十里餘鼠數枚墜地百里之內異香芬馥經月不散

許邁

改名玄
字遠遊

許邁字叔玄句容人真君之從弟也未弱冠時
嘗造郭璞璞為之筮遇泰之上六爻發謂曰
君元吉自天宜學升遐之道時南海太守鮑
靚隱蹟潛遁人莫知之邁乃往候之探其至
要父母尚存未忍違親乃築舍餘杭懸霤山
往來茅嶺以尋仙跡朔望時節還家覲省父
母既終遣婦還家徧遊名山採藥服氣乃改
名玄字遠遊移入臨安西山寄書與婦告別
又著詩一十二首自後莫知所終後人謂之

羽化云。

許穆

許穆。許真君之從弟也。入華陽洞。得道。遇王母之女。雲林夫人。降教之。得為佐卿仙侯。幼子羽小字玉斧。為侍宸仙翁。後雲林夫人。與穆書云。玉醴金漿。交梨火棗。當與山中許道士。不與人間許長史。

彭抗

彭抗。字武陽。蘭陵人。仕晉為尚書左丞。簪脩仙

二十六口白日昇天

真君之婿

棠。師事真君。納女為真君子婦。後致政。挈家居豫章。再詣真君門下。盡傳其道。宋高祖永初二年。八月二十四日。舉家二十六口。白日昇天。

黃仁覽

黃仁覽字紫庭。南城人。父萬石為御史。紫庭師許君。盡得許君之道。許君以女妻之。嘗為青州從事。單騎之官。留妻侍父母。然每夜歸家。晧與妻同宿。人莫得知。一夕家人聞許氏房

從官千里夜每歸家

中有笑語聲以報父母姑訊之許氏曰黄
耳姑曰吾子從仕數千里安得至此許氏曰
彼已得仙道頃刻千里能來戒在漏語故不
敢令姑知姑曰若然當使我見之是夕紫庭
歸許氏以告比明紫庭不得已出謂父母曰
仁覧雖從官遠然夜每還家但仙道秘密不
可泄恐招讒累故不敢多見人耳言訖取竹
杖化為青龍復乘之而去萬石亦因是師許
君惟二弟性好田獵屢導之不從紫庭復折

折草花鹿

飛符救江中二道士

救縣令重生

草化鹿以止其妄心後紫庭與父母舉家三十二口白日昇天二弟尚在鐵所

吳猛

吳猛濮陽人仕吳為西安令得至人丁義神方遂以道術大行於時傳法於許遜常見暴風大作書符擲屋上有青鳥銜去風即止或問其故曰南湖有舟遇此風二道士求救驗之果然西安令于慶死已三日猛曰數未盡當訴之於天遂卧尸傍數日與令俱起嘗渡江

日寫唐
韻一部

値風濤大作猛以白羽扇畫水而渡觀者駭異許真君上昇猛亦於是歲乘白鹿車與弟子四人昇天宋政和中封神烈真人

吳彩鸞

吳彩鸞猛女唐太和末有書生文簫寓鍾陵紫極宮一日於西山遇之竟許成婚而歸鍾陵簫貧不自給彩鸞寫孫愐唐韻運筆如飛日得一部鬻之獲金五緡盡則復寫如是僅十載稍為人知遂潛往新興越王山二人各跨

化爲旋風遁去

一虎陟峯巒而去。

孟欽

孟欽。洛陽人。有左慈劉根之術。百姓慕而趍之。符堅召詣長安。惡其惑衆。命符融誅之。融乃設宴。酒酣。目左右收欽。欽化爲旋風飛去。頃之有告在城東。融遣騎追之。垂及。忽又遠。或有兵拒之。或前有溪澗。騎不得過。遂不知所在。堅末。復見於青州。符朗尋之。入於海島。後仙去。

出神數百里　既葬一鶴穿墓而出

張昭成

張昭成。字道融。學道不觧。每端坐室中。出神數百里外。能馴虎豹。晉咸康中仙去。年一百十九歲。卒而尸溫溫如生。既葬一日。居人見鶴穿墓而出。有彩雲感之。後開墓視之。惟冠履在焉。

郭璞

郭璞。字景純。河東聞喜人。性好經術。博學有高才。而納于言論。詞賦為中興之冠。好古文奇

郭公傳青囊經九卷

預知晉乱先避

重活死馬

字妙於陰陽算曆。有郭公者。客居河東。精於卜筮。璞從之受業。公以青囊書九卷與之。由是遂洞五行天文卜筮之術。攘災轉禍。通致無方。雖京房管輅。不能過也。璞門人趙載。嘗竊青囊書。未及讀。而為火所焚。惠懷之際。河東先擾。璞筮之。知其將亂。乃潛結姻暱及交遊數十家。避地東南。抵將軍趙固。會固所乘良馬死。固惜之。不接賓客。璞至門。吏不為通。璞曰。吾能活馬。吏驚入白固。固趨出曰。君能

巧術得
美婢

活吾馬乎璞曰得徤夫二三十人皆持長竿東行三十里有丘林廟社者便以竿打拍當得一物宜急持歸得此馬活矣果如其言得一物似猴持歸此物見馬死便噓吸其鼻頃之馬起奮迅嘶鳴食如常不復見向物固奇之厚加資給行至廬江勸太守胡孟康急田南渡康不從璞愛其婢無由得乃取小豆三斗繞主人宅散之主人晨見赤衣人數千圍其家就視則滅甚惡之請璞為卦璞曰君家

赤衣人投井

預知葬地沙漲

不宜玄此婢可於東南二十里賣之慎勿爭價則此妖可除也主人從之璞因令人賤買此婢復投符于井中數千赤衣人皆反縛一一自投於井主人大悅璞携婢去後數旬而廬江陷既渡江王導深重之科參己軍事嘗令作卦璞言公有震厄可命駕西出數十里得一栢樹截斷如身長置常寢處災當可消從其言數日果雷震栢樹粉碎毋喪卜葬地於曁陽去水百步許人以近水為嫌璞曰當

葬龍能知致天子來

所受有限

即為陸矣其後沙漲去墓數里皆為桑田又
嘗為人葬明帝微服往觀之因問主人何以
葬龍角此法當滅族主人曰郭璞云此葬龍
耳不出三年當致天子也帝曰出天子耶答
曰能致天子問耳帝甚異之璞以才學見重
一時然性輕易不脩威儀嗜酒好色時或過
度著作郎干寶常誡之曰此非適性之道也
璞曰吾所受有本限用之常恐不得盡卿乃
憂酒色之為患乎璞素與桓彝友善彝每造

或稱彝无于厠上相尋

之。或值璞在婦間。便入。璞曰。卿來他處自可徑前。但不可厠上相尋耳。必客主有殃。彝後因醉詣璞。正逢在厠。掩而觀之。見璞裸身被髮。銜刀設醊。璞見彝。撫心大驚曰。吾每屬卿勿來。反更如是。非但禍吾。卿亦不免矣。天實為之。將以誰咎。璞終嬰王敦之禍。彝亦死蘇峻之難。王敦之謀逆也。溫嶠庾亮使璞筮之。璞對不決。嶠亮復令占己之吉凶。璞曰大吉。有姓崇者。構璞於敦。敦將舉兵。乃使璞筮。璞

命盡今
日中

雙柏樹下

預贈行刑
人袴

曰無成敦固疑璞之助嶠亮又聞卦凶乃問
璞曰卿更筮吾壽幾何答曰思向卦明公起
事禍必不久若住武昌壽不可測敦大怒曰
卿壽幾何曰命盡今日日中敦怒收璞詣南
崗斬之璞臨出謂行刑者欲何之曰南崗頭
璞曰必在雙柏樹下其樹應有大鵲巢及至
果然初璞中興初行經越城間遇一人呼其
姓名因以袴褶遺之其人辭不受璞曰但取
後自當知其人遂受而去至是乃此人行刑

景純斬後後出

兵解

時年四十九。至王敦平。追贈弘農太守。璞未遇害之先。已預令家人備送終之具于行刑之所。命即窆於江側兩松之間。斬後三日南州市人。復見璞貨其平日服飾。與相識共話。敦聞之不信。開棺無尸。乃兵解也。後為水府仙伯。璞撰前後筮驗六十餘事。名為洞林。又抄京費諸家要最。更撰新林十篇。卜韻一篇注釋爾雅。別為音義圖譜。又註三蒼方言。葬書。穆天子傳。山海經。及楚辭。子虛上林賦數

十萬言皆傳於世所作詩賦誄頌亦數萬言
子驁官至臨賀太守
劉綱樊夫人
劉綱字伯鸞為上虞令與妻樊夫人俱有道術
能檄召鬼神禁制變化之道亦潛脩密證人
不能知為理尚清靜簡易而政令宣行民受
其惠無旱暵漂墊之害無疫毒鷙暴之傷歲
歲大豊遠近所仰暇日與夫人較其術用俱
坐堂上綱作火燒客碓舍從東而起夫人作

兩從西邊起禁之火即便滅庭中兩枝桃夫人呪一株使之自落箱篋中綱所呪者數落出籬外綱唾盤中即成鯉魚夫人唾盤中成獺食其魚綱與夫人入四明山路值虎綱禁之虎伏不起向綱號之夫人徑往虎前虎以面向地不敢仰視夫人以繩縛虎牽歸繫於床脚下綱每共試俱不能勝將昇天縣廳側先有大皂莢樹綱昇樹數丈始能飛舉夫人即平坐床上冉冉如雲之舉同昇天去

東陵聖母

東陵聖母。廣陵海陵人。適杜氏。師事劉綱學道能易形變化。隱顯無方。杜不信道。常恚怒之。聖母。時或理疾救人。而有所詣。杜恚之愈甚告官訟之。云聖母姦妖。不理家務。官收聖母付獄。頃之已從獄窗中飛去。衆望見之。轉高入雲中。留所着履一緉在窗下。自此昇天。遠近立廟祠之。民所奉事。禱祈立効。常有一青

爾至今海倭人不得為偷盜之事大者即風波沒溺虎狼殺之小者即病傷也

王道真

王道真居鬼谷栢壼常有白雲出甚中遠望如百尺樓道真常乘此雲遊戲山頂

鄧郁

鄧郁隱居衡山三十餘載魏夫人忽乘雲而至謂郁曰君有仙分故來相尋天盖十四年忽

右卿東華帝君

見二青鳥如鶴大鼓翼鳴舞移晷方去謂弟子曰青鳥既來期會至矣乃乘青鳥而去

王玄甫

王玄甫沛人同異人鄧伯元學道於霍山赤城受服青精石飯吞日精再景之法内思洞房積三十四年乃内見五臟夜中能書晉穆帝永和元年正月十五日大帝遣羽車迎之玄甫與鄧伯元乘雲駕龍白日昇天今在北玄圃臺受詔為中嶽真人

曾文辿

曾文辿雩都人天文讖緯黃庭內景之書靡所不究而地理尤精梁貞明間遊至袁州府萬載縣愛其縣北西山之丘謂其徒曰死葬我于此及卒遂葬其地後其徒復於豫章見之

鄭去奢

鄭去奢衢州龍丘人崇仙宮道士家住九峰山下少學道術精思忘疲年三十餘劉宋初年乃隱處州嵩陽縣安和觀其觀即葉靜能學

道之所而觀此五里有卯山高五十餘丈相傳張天師及葉靜能皆居此山脩道去奢慕前事乃結庵以居山東南有一方石濶二丈餘去奢常坐其上拱默靜想一旦感神人謂之曰張天師有斬邪劍二口并餅貯冊在此石下可以取之去奢謝神人曰此石天設非人力可加自惟荒謬守真而已託玆山棲獲安久蒙聖祐冊之與劍未敢輙取神人曰但勤脩無怠劍冊當自致也後三年神人以劍

華造奪去劍冊

乾閉月顏色更佳

冊付去奢。劍乃張天師七星劍。冊貯之石瓶中。約有十餘。如麻子。紅色光明。去奢自服。及施病人皆愈。麗水縣人華造因中和年荒亂之後。擁壯人據岩。朝廷授造刺史。而造究險闕去奢神與劍冊。乃以兵圍其山取去奢。并劍冊到州。奪其劍冊。而因鏁去奢於空室中。時方炎暑。一月日不與之水。造謂去奢已斃。及開室。見奢神色儼然。顏狀紅白愈佳於來時。造驚異。乃送去奢歸山。劍冊留之。一夜風

雷劒卌飛去仍歸大釜石下。後居山十五年。每言雷雨只在山半。常見雲瀧雷公電姥神鬼甚衆。相見咸有禮焉。又寄宿道士夜聞去奢所居靜室若與人談。竊窺之惟聞異香滿室。及環珮聲。或見有戴遠遊冠。絳服螺髻垂髮碧綃衣。男女四人侍坐。侍從皆玉童玉女。光明照身。復有神明遠立於側。殊為虔敬。一日去奢告觀中道士曰。恐當離此山去。不能常相見也。後數日有綵雲鸞鳴。天樂滿空。徘

嘘氣有五色光

此中有愽

狪山頂後有靈官駕五色龍鹿來迎去耆乃
白日昇天而去山下居民觀者甚衆

范豹

范豹巴西閬中人久住支江百里洲脩煉嘘欶
有五色光冬月惟着單衣桓温時頭巳斑白
至宋文帝時狀貌不變占吉凶驗如指掌或
問曰先生殆謫仙耶荅云我曾見周武伐紂
初戰時前歌後舞文帝召見豹荅詔稱我或
稱壽過太子宮指宮門曰此中有愽勞鳥柰

勞鳥

豹死王來陳忠家

日行數

自卑

何養賊文帝惡之勑豹自盡下江江中仍使埋於新亭赤岓岡明年豹弟子陳忠夜起忽覩光明如晝而見豹入門就榻坐又一老翁後至豹起迎之忠問是誰豹笑而不答須臾俱出文帝聞之令發其棺無尸乃悔之

韓越

韓越者南陵冠軍人心慕神仙形類狂愚隨師長齋誦詠口不輟響常着屐行無遠近入山或數百里當日輒還家人問越未嘗實對後

仙去仍寄藥與妻嗽安

鄉人斫枯木作弓於大陽山絕嶠石室中見越與六七仙人讀經越後自山中還於鄉村暴亡家迎喪覺棺輕疑非真尸發看惟竹杖耳宋孝武帝大明中越鄉人為臺將北使於青州南門遇越容貌更少訪問親表存亡共語移時又云吾婦患嗽未差今寄散藥一裹令溫酒頻服之臺將還具傳越言越婦服散嗽即愈

授金冊法濟貧

羅郁號蕚綠華九疑山得道女也梁簡文時降黄門郎羊權家贈權詩及火浣布金玉條脫

張岳

張岳字巴玉齊封川縣人官至司空慕長生久視之方全家齋戒誦大洞真經持三百大戒二十年忽有神人持藜杖至岳家謂岳曰吾葛洪也奉上帝命令授子金冊火鼎之訣汝可秘而行之以濟貧苦他時功滿相見後點石為金用濟孤老貧困梁武天監二年秋夜

飲仙浴癩酒合家升天

半開空中喚呂云清晨可挈家人入山呂徒
神言果全家而往惟留使女盧瓔在家至辰
巳間有一道流從空而下身生疥癩問曰司
空在否曰司空入山未歸問酒庫何在盧女
指示之道者脫衣入酒缸中以酒浴身上疥
癩浴罷而去謂盧女曰傳語司空葛道士特
來相訪司空歸聞之喜開庫見酒有異香遂
令合家飲之惟盧女見其浴瘡託疾不飲司
空飲罷乃沐浴更衣集諸弟子曰上帝召予

今將與汝辭矣言訖祥雲擁鸞鶴而下迎鑾家八十餘口白日昇天惟盧女半空從雲而墜上帝命女為土地以守仙壇

白鶴道人

白鶴道人梁武帝時方士愛舒州潜山奇絕時有浮屠寶誌者亦欲之武帝命二人各以物識其地得者居之道人以鶴止處為記寶誌以卓錫處為記已而鶴先飛去忽聞空中錫飛聲遂卓於山麓而鶴止他處遂各以所識

築室焉。

萬振

萬振字長生。南昌人。天師也。得長生久視之道。顯晦齊梁間。人莫知其年。或云旌陽出巴之徒。漁者得青石。長七尺。扣之有音樂聲。郡以獻于朝。唐高宗命碎之。得二劍。鐔上刻天師姓名。帝異之。召見曜日殿。後尸解于京師。數日啟棺。惟有一杖一劍。詔以銅函盛劍杖。瘞于西山天寶洞之側。

王延

王延。字子元。扶風人。九歲即好道。師焦曠眞人。授三洞秘訣。惟松飡水飲。周武帝召之至都。久之得請還山。嘗寓西岳之油。乃置一器經。夕自滿。凡賓客將至。先有二青鳥報之。居處常有猛虎馴遶。若相保衛。隋文帝禪位。置仙都觀。詔之主之。仁壽四年春。謂門人曰。吾欲歸西岳。但恐上未許。乃委化于仙都觀。帝遣使護葬于西岳。及就壙。但空棺而已

蓬球

蓬球。字伯堅。北海人。晉武帝太始中。入貝丘西玉女山中伐木。忽覺異香。球迎風尋之。此山廓然自開。宮殿盤欝。樓臺博敞。球入門窺之。見五株玉樹。稍前。有四仙女彈棊堂上。見球俱驚起。曰。蓬君何故得來。球曰。因尋香至此。問訖。復彈棊如故。有一小者登樓彈琴。戲曰。元暉何為獨升樓。球於樹下立。飢以舌舐葉上垂露。俄有一女乘鶴而至。曰。玉華。玉華。汝

等何故來此俗人球懼速出門回顧忽然不見及還家已是建興中矣因復訪道不返

鄭思遠

鄭思遠少爲書生善律曆晚師葛孝先受諸經并冊法居廬江馬迹山中山虎生二子虎母爲人格殺虎父驚逸虎子飢而無食思遠持還家飼之虎父尋至思遠家跪謝之即依思遠從思遠每出行騎虎父二虎子負其經書衣藥以從時於永康橫江橋逢友人許隱隱

騎虎
贊

三十六

患齒痛。從思遠求虎鬚。歃及熱。插齒間則愈
思遠為拔之。虎伏不動。後仙去。為丹陽真人

廣列仙傳四卷終

十歲即慕仙

廣列仙傳卷之五

明少谷張文介輯

陶弘景

陶弘景字通明秣陵人初毋夢青龍自懷而出并見兩天人手執香爐來至其所已而有娠生而幼有異操十歲得葛洪神仙傳晝夜研尋便有養生之志謂人曰仰青雲覩白日不覺為遠矣父為妾所害終身不娶及長身長七尺七寸神儀明秀朗目踈眉細形長額聳

耳各有長毛七十餘出外二寸

耳耳各有七十餘毛出外二寸許右膝有數十黑子作七星文讀書萬餘卷一事不知以為深耻善琴棋工草隸弱冠齊高帝作相引為諸王侍讀雖在朱門閉影不交外物惟以披閱為務家貧求宰縣不遂永明十年脱朝服掛神武門上表辭祿詔許之敕所在月給茯苓五斤白蜜二升以供服餌公卿祖之供帳甚盛咸云宋齊以來未有斯事朝野榮之乃止于句容之茅山立館號曰華陽隱居始

肯哉斯言

築三層樓

從東陽孫游嶽受符圖經法。備歷名山。尋訪
仙藥。每經澗谷。必坐臥其間。吟詠盤桓。不能
已。謂門人曰。向求明中。求祿得輒差舛。若不
爾。豈得為今日之事。豈惟身有仙相。抑亦緣
勢使然。沈約為東陽守。高其志節。累書邀之
不至。弘景為人。員通謙謹。出處冥會。心如明
鏡。遇物便了。言無煩舛。有亦隨覺。永元初。築
三層樓。弘景處其上。弟子居其中。賓客至其
下。與物遂絕。惟一家僮得至其所。本便馬善

射晚皆不為惟聽吹笙而已特愛松風庭院皆植松每聞其響欣然為樂有時獨游泉石望見者以為仙人性好著述尚奇異顧惜光景老而彌篤尤明陰陽五行風角星筭山川地理方圓產物醫術本草帝代年歷深慕張良為人云古賢無比齊末為歌曰水丑木為梁字及聞梁武禪代弘景援引圖讖數處皆成梁字令弟子進之武帝既早與之游及即位後恩禮愈篤及得神符秘訣以為神丹可

成而皆無藥物帝給黃金朱砂曾青雄黃等
物乃合飛丹色如霜雪服之體輕及帝服飛
丹有驗益敬重之屢加礼聘並不出惟畫作
兩牛一牛散放水草之間一牛著金籠頭有
人執繩以杖驅之武帝笑曰此人無所不作
欲斅曳尾之龜豈有可致之礼國家每有大
事無不咨之時人謂為山中宰相年逾八十
而有壯容仙書云眼方者壽千歲弘景末年
一眼有時而方曾夢佛授其菩提記云名為

一日常之

本草害物命

勝力菩薩。乃詣鄮縣阿育王塔自誓受五大戒。後簡文帝。臨南徐州。欽其風素。召至後堂以葛巾進見。與談數日而去。甚歎異之。其弟子桓闓先得道。將昇天。弘景問曰。其行教修道。勤亦至矣。得非有過之。尚淹延在世乎。托闓探之。闓昇天後。還謂弘景曰。若之陰功極著。但所脩本草。用䖟虫水蛭為藥。功雖及人。而害物命。以此一紀後方得解形去世。為蓬萊都水監耳。弘景復以草木之藥。可代物命者。

香氣滿山

著別行本草三卷以贖其過一日無疾自知應逝逆尅亡日仍為告逝詩大同二年卒時年八十五顏色不變屈伸如常香氣累日氛氳滿山所著有學苑百卷孝經論語集註帝代年曆本草集註効驗方肘後百一方今古州郡記圖像集要玉匣記七曜新舊術疏占候合丹法式諸書行于世

桓闓

桓闓者不知何許人事陶隱君居茅山華陽館

默朝大帝九年

十餘年，立性端謹，執後之外，寂然無爲。一日有二青童、一白鶴自空而下，集于庭。隱君欣然而揖，謂己當之。青童曰：太上所召者桓先生也。隱君默計門人，皆無姓桓者，索之，惟得執後桓闓焉。詰其所致，則曰：常脩默朝之道，親朝太帝已九年矣，故有今日之召。乃服天衣，駕白鶴，昇虛而去。

劉玄英

劉玄英，號海蟾子，初名操，後得道，改稱焉。燕地

累卵之危

廣陵人也。初明經仕燕主劉守光為相，素喜性命之說，欽崇黃老之教。一日忽有道人自稱正陽子，來謁海蟾，乃邀坐堂上，待以賓禮。道人為演清靜無為之宗、金液還丹之要。既竟，乃索雞卵十枚、金錢十文，以一文置之几上，累十卵於錢，若浮圖之狀。海蟾驚異之曰：危哉。道人曰：人居榮祿之場，履憂患之也，其危有甚於此者。復盡以其錢擘破為二，擲之，遂辭去。海蟾因此大悟，是夜命家人設宴集

白氣自項門出化鶴冲天

擲金玉明早解印辭朝易服從道遁跡終南山下後又隱代州鳳凰山于壽寧觀書龜鶴齊壽四字西蜀至代數千里皆同日時而書以示分形散景神變無方之妙用成尸解有白氣自項門出化為鶴飛冲天元至元六年賜明悟弘道真君

寇謙之

寇謙之昌平人少遇仙人成功興與之遊嵩岳食仙藥遂隱嵩陽元魏始光中召至闕崔浩

青氣從口中出至半天乃滅

師事之。一日謂弟子曰。昨夢功興召我于中嶽仙宮。遂羽化。有青氣如煙從口中出天半乃消。其體漸縮。識者謂尸解。後東郡沈猷見謙之在嵩山。身作銀色光明如日。始知其為仙矣。一本云。功興嘗出遊。謂謙之曰。某去後當有人持藥相遺。但食之。果如所言。視其藥皆臭虫惡物。乃恐懼而出。其人還以對。功興嘆曰。謙之未易得仙耶。一日功興謂謙之曰。吾明日午時當去。公幸為沐浴。自當有人見

二童子來迎

老君乘白馬車降嵩陽山頂

迎。功興乃入石室而卒。謙之親為沐浴畢果有扣石室者。謙之出視見二童子。一持法服。一持鉢杖。謙之引入。至功興尸所功興倏然而起著衣持鉢。執杖而去。魏明帝神瑞二年。一日老君乘白馬車。九龍驂駕。降嵩陽山頂。命仙伯王方平。引謙之至前曰。汝向道殊虔。今授汝以天師之任。汝其勉之。又遇神人李譜文。云老子之玄孫也。授以圖錄真經六十餘卷。自是道益精。羽化而去。崔浩最重之

徐則

徐則東海郯人沉靜寡慾少懷栖隱之志入縉雲脩道久之太極徐真人降謂曰汝出八十當為王者師然後得道因廬天台山絕粒所資惟松朮而已隋煬帝為晉王鎮揚州以書召之謂門人曰吾今年八十一迺王召我徐真人之言驗矣既至晉王請授道法辭以時日不利其夕忽逝真王使人送還天台江都道中人有見師徒步歸者及至天台以經書

道法遺弟子。仍掃一室曰。有客至。宜延之于此。乃跨石梁而去。明日王果遣使者至。時年八十二。晉王乃遣使圖其形。又命栁瞽為贊。

蕭子雲

蕭子雲。字景喬。南齊高帝之孫。封郡公。好仙。師事杜嬰永。頗得其秘。兼善草隸。名重一時。忽有神人降。言郁木坑可以久居。乃移家寓焉一旦上帝賜玉冊。封為玄洲長史。後人入洞往往有見之者。

玄洲長史

服黃精
膚若氷
雪

盛夏獻
雪四月
進瓜

岑道願

岑道願。江陵人。隋末避難至三峽。遂隱岩下。常食黃精。時百餘歲。膚若氷雪。莫見其慍。積二十年。悅逝而去。

明崇儼

明崇儼。洛州人。少隨父令安喜。吏有能召鬼神者。崇儼盡得其術。以奇技自名。唐高宗召見甚悅。盛夏帝思雪。崇儼坐頃。取以進。自云往陰山取之。四月帝憶瓜。崇儼索百錢。須臾以

瓜獻。曰得之緱氏老人園中。帝召老人問故

曰。埋一瓜矢之土中得百錢。

傅先生

傅先生。學道焦山。精思七年。遇老君。與以木鑽。

使穿一石盤。厚五尺許。戒云。石盤穿。仙可得

也。乃鑽四十七年。石穿。仙人來。曰志亦堅矣。

授以金液還丹。服之仙去

許宣平

許宣平。新安歙人。唐睿宗景雲中。隱於城陽山

三許俱作无烟火氣

南塢結庵以居不知服餌但見不食須若四十許人輕徒行疾奔馬時負薪賣于市擔上常掛一花瓢及曲竹杖每醉行騰騰以歸吟曰負薪朝出賣沽酒日西歸借問家何處穿雲入翠微邇來三十餘年或施人危急或救人疾苦城市中人多訪之不見但覽庵壁題詩曰隱居三十載築室南山巔靜夜翫明月閑朝飲碧泉樵人歌隴上谷鳥戲岩前樂矣不知老都忘甲子年其詩甚多常於驛路傳

舍所到處輙題之。天寶中李白東遊經傳舍覽詩吟之。嘆曰。此仙人詩也。詰之於人。得宣平之實。白於是遊新安。屢訪之不得見。乃題詩於庵壁曰。我吟傳舍詩。來訪仙人居。煙嶺迷高迹。雲林隔太虛。窺庭但蕭索。倚杖空躊著。應化遼天鶴。歸當千歲餘。宣平歸庵見壁詩。又吟曰。一池荷葉衣無盡。兩畝黄精食有餘。又被人来尋討。着移庵不免更深居。其庵後為野火燒之。莫知宣平蹤跡。後百餘歲。咸

與婢一桃使歸報子孫

懿宗咸通十二年。郡人許明恕家有婢嘗逐伴入山採樵。一日獨於南山中見一人坐石上方食桃甚大。問婢曰。汝許明恕家人耶。婢曰。是。其人曰。我即明恕之祖宣平也。婢言曰。嘗聞家內說祖翁得仙多年。無由尋訪。宣平謂婢曰。汝歸為我向明恕道。我在此山中。與汝一桃食之。不得將出。山內虎狼甚多。山神惜此桃。婢乃食之。甚美。頃之而盡。遣婢隨樵人歸家言之。婢歸。覺樵擔輕健。到家具言入

山逢祖翁宣平明恕怒婢呼上祖名取杖擊之其婢隨杖身起不知所之後有人入山見婢童顏輕身衣樹皮行疾如飛乃入深林而去

李筌

李筌號達觀子居少室山好神仙之道得黃帝陰符經於嵩山虎口巖玉匣中乃寇謙之所藏者其本糜爛筌抄讀數千遍竟不曉其義因入秦至驪山下逢一老姥髽髻當頂餘髮

瓢重百斤

半焦弊衣扶杖狀貌甚異路傍見遺火燒樹因自言曰火生於木禍發必尅筌驚聞曰此黃帝陰符經老姥何得言之姥曰吾受此經已三元六周甲子矣少年從何得之筌稽首再拜乃告所得姥曰少年顴骨貫於生門命門齊於日角血腦未減心影不偏德賢而好法神勇而樂智眞吾弟子也於是坐石上與筌說陰符之義久之姥曰日已晡矣吾有麥飯相與為食袖中出一瓢令筌谷中取水既

作太白陰經

滿矣。瓢忽重。百餘斤。力不能制。而沉於泉。及還。已失姥所在。但留麥飯數升而已。筌食之。自此絕粒。唐開元中。為江陵節度使副御史中丞。筌有將略。作太白陰經十卷。大著中台志十卷。時為李林甫所排。位不顯。竟入名山訪道。後不知其所之。

常善俊

常善俊。京兆人。母王氏。初娠。每噉血食。則連夕腹痛。遂蔬食。既生。年十三歲。即長齋。遇道士

二青童 常侍左右 黑犬化為龍

韓元最授以秘要常有二青童侍左右嗣聖中寓昇仙觀見神人厲聲曰子何人輙來此宜速去善俊曰神人試我耶何相逼太甚神人遜謝而去又嘗過壇墟店遇黑犬繞旋不去因畜之呼為烏龍一日謂弟子曰吾學道百年今太上召我我當去矣其犬忽長數丈化為黑龍善俊乘之仙去

司馬承禎

司馬承禎字子微洛州温人事潘師正傳辟穀

導引術。遍遊名山。唐武后嘗召之。未幾去。與陳子昂。王維。李白。孟浩然。賀知章。盧藏用。宋之問。王適。畢構。為仙宗十友。睿宗復迎至京師。訪以治道。曰。游心於淡。合氣於漠。與物自然。而無容私焉。則天下治。帝嘆詠曰。廣成之言。何以加此。辭歸天台。盧藏用指終南山曰。此中大有佳處。何必天台。對曰。以僕觀之。乃仕宦之捷徑爾。盧初隱終南。後登朝。聞言殊有慚色。女貞有名焦靜貞者。泛海訪蓬萊求

腦中小兒誦經

師至一山。見道者指言曰。天台山司馬承禎。名在冊臺。身居赤城。爾良師也。靜貞既還。請承禎求度。未幾昇天。嘗降人間。謂薛季昌曰。司馬先生。得道高於陶都水之任。當為東華上清真人。開元中。文請天師與承禎赴長生殿。千秋節齋直。中夜行道畢。隔雲屏各就枕。斯須忽聞小兒誦經聲。玲玲如金玉響。天師乃褰裳躡步而窺之。見承禎額上。有小日如錢。光耀一席。逼而聽之。乃承禎腦中之聲也。

天師還。謂其徒曰。黃庭經云。泥丸九真皆有房。方圓一寸處此中。又云。左神公子發神語。其先生之謂乎。一日謂弟子曰。吾乎玉霄峯。東望蓬萊。有靈真降駕。今為東海小清童君。東華君所召。必須往。俄頃化去。如蟬脫蛻。弟子葬其衣冠焉。時年八十有九。玄宗親撰碑文。有脩真秘旨。天地宮府圖。坐忘論。登真系等。書行於世。詔贈銀青光祿大夫。謚正一先生

視石壁三年見文章

帛和

帛和字仲理師董先生行氣斷穀又詣西城山師王君君謂曰大道之訣非可卒得吾暫往瀛洲汝於此石室中可熟視石壁久久當見文字見則讀之得道矣和乃視之一年了無所見二年似有文字三年始見太清經神冊方三皇文五嶽圖和熟誦之王君回曰子得之矣乃作神冊服半劑延年無極以半劑作黄金五十斤救人貧病也

長江舟中忽至天台

王可交

王可交，華亭人，業耕釣。一日，櫂舟入江，忽見中流有彩舫，載七道士。遙聞有呼可交名者，頃之舟近舫側，呼可交登舫。一道曰：好骨相，合為仙。一道與之二栗，食之，甘如飴。命黃衣送上岸。覓所乘舟，不得，乃在天台山瀑布寺前。僧迎問之，可交曰：今早離家，蓋三月三日。僧言九月九日已半年餘矣。後絕穀，挈妻子住四明山。不復出，後人時有見之者。

班孟

班孟不知何許人。或云女子也。能飛行。又能坐空虛之中。與人言語。又能入地中。初沒足。漸至腰及胸。但餘冠幘。良久而盡沒不見。又以指刻地。即成井可汲。指人屋瓦。瓦即能飛。嘗取人桑果數千株。聚之如山。十餘日吹之各還其本處。如故。又能含墨水噴紙成文字。皆有意義。後服酒餌丹。年四百歲。色如少年。入大冶山中。仙去。

托虎擇居

李長者

李長者自滄州來盂縣目惟食十棗一栢葉小餅掩室著論無慮時後至冠盂村逢一虎馴伏長者語虎曰吾欲釋華嚴經可與吾擇一棲止處虎遂起引至神福山得一龕居之以著論年九十六化於龕中

鳳綱

鳳綱漁陽人常採百草花以水漬封泥之自正月始至九月末止埋之百日煎而丸之卒死

者以藥納口中皆立活綱長服此藥至數百
歲不老後入地肺山中仙去

孫思邈

孫思邈華原人七歲日誦千言獨孤信見之曰
聖童也顧器大難為用耳及長好談老莊周
宣帝時以王室多事隱於太白山學道鍊氣
養神求度世之術洞曉天文推步精究醫藥
務行陰德偶見牧童傷小蛇血出思邈脫衣
與童贖而救之以藥封裹放於草內旬餘出

青蛇化為小兒

遊見一白衣少年下馬拜謝曰吾弟蒙道者所救思邈尚不省少年復邀思邈同遊易以別馬偕行如飛至一城郭花木盛開至其家金碧炳耀儼若王者之居少年延思邈入見一人袷幅絳衣侍從甚衆忻喜相接謝思邈曰深蒙道者厚恩故遣兒子相迎因指一青衣小兒云前者此兒獨出忽為愚人所傷賴君脫衣贖救得有今日乃令青衣小兒拜謝思邈始省昔日脫衣贖青蛇之事潛問左右

以秘傳三百方救人

此為何所。對曰。此涇陽水府也。絳衣王者命設酒饌妓樂。以宴思邈。思邈辭以辟穀服氣惟飲酒耳。留連三日。乃以輕綃金珠相贈。思邈堅辭不受。乃命其子。取龍宮奇方三十首。與思邈曰。此可以助道者濟世救人。復以僕馬送思邈歸。思邈後以是方歷試皆效。乃編入千金方中。隋文帝。徵為國子博士。不就。嘗密謂人曰。過此五十年。當有聖人出。吾方助之。以濟生民。至唐太宗召。始請京師。上訝其

氣絶月
餘顏色
不變
夢中乞
椎黃

容甚少。曰。故知有道者。誠可尊重。羨門之徒。豈虛言哉。永徽三年。年已百餘歲。一日沐浴。衣冠端坐。謂子孫曰。吾今將遊無何有之鄉。俄而氣絶。月餘顏色不變。舉衣入棺。如空衣焉。已尸解矣。後明皇幸蜀。夢思邈乞武都雄黃。乃命中使齎十斤送於峩嵋頂上。中使上山未半。見一人幅巾被褐。鬚眉皓白。二童青衣丸髻夾侍。手指大盤石曰。可置藥於此。石上有表。錄上皇帝。使視石上朱書百餘字。遂

石上留象謝恩

恩還復見

錄之。隨寫隨滅。寫畢。石上無復字矣。須臾白氣漫起。因忽不見。又成都有一僧。誦法華經甚專。雖兵亂卒不能害。忽一日。有山僕至云先生請師誦經。經過煙嵐中。入一山居。僕云先生老疾起遲。請誦經。至寶塔品。欲一聽之。誦至此。先生果出。野服杖藜。兩耳垂肩。焚香聽經罷。不復出。遂供僧以藤盤竹著。秫飯一盂。杞菊數甌。僧食之。無鹽酪味。美若甘露。贈錢一環。僕送出路口。僧因問曰。先生何姓。曰

視錢皆金

遊月宮

姓孫。曰何名。僕於掌中手書思邈二字。僧大駭。回視僕。還失不見。視錢皆金錢也。僧自此後。身輕無疾。宋真宗時。僧已二伯餘歲。後莫知所之。

羅公遠

羅公遠。鄂人。唐玄宗好仙術。開元中。中秋夜。宮中翫月。公遠請玄宗遊月宮。後玄宗學隱形之術於公遠。不盡傳之。或衣帶。或巾角。不能全隱。玄宗詰之。公遠曰。陛下未能脫屣天下。

遁入杜中

寄當歸寓意

而以道為戲若盡臣術必懷璽入家將國於
魚腹也玄宗怒慢罵之公遠遂走入殿柱中
極疏上失上愈怒令易柱破之復大言於石
礩中乃易礩觀之礩明瑩見公遠形在其中
長寸餘因碎為十數段悉有公遠形上懼謝
焉忽不復見後有使者入蜀見公遠黑水道
中笑曰為我謝陛下我姓羅名公遠以蜀當
歸寄獻之後玄宗幸蜀始悟當歸之意

李白

謫仙人

帝親調羹

李白字太白興聖皇帝九世孫其先隋末以罪
徙西域神龍初遁還客巴西白之生母夢長
庚星入懷因以名之十歲通詩書既長隱岷
山州舉有道不應蘇頲為益州長史見白異
之曰是子天才英特少益以學可比相如後
至長安見賀知章知章見其詩歎曰子謫仙
人也言於玄宗召見金鑾殿論當世事奏頌
一篇帝賜食親為調羹有詔供奉翰林帝嘗
坐沉香亭時牡丹盛開欲得白為樂章召入

貴妃捧硯

高力士脫靴

而白已醉左右以水頮面醉稍解帝使貴妃捧硯樸筆成詩三章婉麗精切無留思帝愛其才數宴見白常侍帝醉使高力士脫靴力士素貴恥之擿其詩以激楊貴妃帝欲官白妃輒沮之白自知不為親近所容益驁放不自脩與張旭等日醉為酒中八仙懇求還山帝賜金放還安祿山反永王璘辟為寮佐璘起兵敗當誅初白游并州見郭子儀奇之子儀嘗犯法白為救免至是子儀請解官并上

白死
重兒

所賜銀印以贖之詔流夜郎會赦還潯陽坐事下獄時宋若思將吳兵三千赴河南過潯陽釋囚辟為叅謀未幾辭職代宗立以左拾遺召而白已卒年六十餘憲宗元和初有人海上見白與一道士在高山上笑語久之後與道士於碧霧中共跨赤虬而去白龜年白居易樂天之後也一日至嵩山遙望東巖古木叢蘙窣地往觀之一人至前曰李翰林相招龜年乃趨入其人褒衣博帶風姿秀發曰

飲商陸酒死而復生卽身輕

吾李白也。向水解。今為仙矣。上帝令吾掌牋奏于此。已將百年。汝祖樂天亦已為仙。見在五臺掌功德所。又出書一卷。遺龜年曰。讀之可以識禽言。後白海瓊亦云。李白今為東華上清監。清逸真人。白樂天為蓬萊長仙主

薛昌

薛昌。幽薊人。為進士。唐天寶間。棲止于蜀之青城洞天觀。忽得商陸酒飲之。耳鼻流血。死經三日。蹷然而蘇。肌膚潔白。容狀頓少。身輕目

化鶴
中箭

明勢欲飛舉數日之外洞見遠近雖山林崖
巘不隔視聽時玄宗尚至道節度使延致
實館欲乘以驛騎送京忽失所在後有見在
大面山者

徐佐卿

徐佐卿蜀人唐天寶中道士常化為鶴玄宗獵
西苑有孤鶴射之帶矢而歸謂弟子曰吾遊
出山為飛矢所中乃掛箭於壁曰後箭主來
以此付之後玄宗幸蜀遊觀中識其箭乃知

龍虎安隨

初名道子後以名作字

佐卿有化鶴事。

僕僕先生

僕僕先生。居舊仙居縣黃土山。嘗餌杏用。乘雲往來唐。刺史李休光以為妖。叱左右執之。龍虎見於其側。先生乘之而去。天寶初因以仙居名縣。

吳道元

吳道元字道子。陽翟人。少學書於賀知章張顛。不成。因工畫。未冠。即深造妙處。蓋得之於性

畫驢能行　畫龍能飛

非積習所能。初為兗州瑕丘尉。明皇聞之。召入供奉。由此名振天下。大率師法張僧繇。或者謂為後身焉。且畫有六法。世稱顧愷之能備。愷之畫隣女。以棘刺其心。而使之呻吟。道子畫驢於僧房。一夕而聞有踏藉破迸之聲。僧繇畫龍點睛。則聞雷破壁飛去。道子畫龍則鱗甲飛動。每天雨則煙霧生。殆兼張顧而有之。其神妙如此。一日宮中有粉墻數尋。明皇使畫山水于上。道子乃調墨漿一盆。用力

從畫中岩洞仙去

畫潑墻上。以暮霞之。頃間。請上觀畫山水林木人烟鳥獸。無不備具。而且精奇。上顧觀久之。歎羨無已。道子乃徐步指點曰。此山岩之下。有一小洞。其中有仙。扣之必應。于是以手指擊之。心然門開。有童子在側。道子奏曰。此洞可入。其中甚佳。臣今先入。願陛下繼來。道子遂入洞中。以手招上。上不能入。須臾門閉。道子莫知所之。其所畫墻。仍甚白如舊。無復有山水矣。

王皎

王皎先生善他術於數未嘗言天寶中偶與客
夜中露坐指星月曰時將亂矣為鄰人所奏
時上春秋高頗拘忌其語上令密詔殺之刑
斬後數年復出
者鑽其頭數十方死因破其腦視之腦骨厚
一寸八分皎先與達奚侍郎還往及安史平
皎忽杖屨至達奚家方知其異人也後又訪
杜甫於浣花溪謂甫曰君今雖偃蹇他日太
名當與之萬世固少微垣中宿也

趙惠宗

趙惠宗硤州宜都道士得九天仙籙三洞秘法皆通曉後居郭道山唐明皇天寶末還硤忽於郡之東北積薪自焚僚庶悉往觀之惠宗怡然坐火中誦度人經斯須化為瑞雲仙鶴而去火既燼其下草猶綠得遺簡有詩二首

張果

張果隱於恒州中條山往來汾晉間得長生秘術耆老云為兒童時見之已言數百歲常乘

騎紙馿

日行万里

一白驢，日行數萬里，休息時乃折疊之，其厚如紙，置於巾箱中，乘則以水噀之，復成驢矣。

唐太宗、高宗徵之不起，則天皇后召之出山，佯死於妒女廟前，時方炎暑，須臾臭爛生蟲，於是則天信其死矣。後有人於恒州山中復見之。開元二十三年，明皇詔通事舍人裴晤馳驛於恒州迎之，果對晤氣絕而死，晤乃焚香宣天子求迎之意，俄頃漸蘇，晤不敢逼，馳還奏之，乃命中書舍人徐嶠，通事舍人盧重

玄齋璽書迎果果隨嶠到東京於集賢院安
置備加禮敬公卿皆往拜謁帝問神仙不荅
善息氣累日不食數飲酒上賜之酒辭曰小
臣飲不過二升有一弟子可飲一斗明皇聞
之喜令召之俄頃一小道士自殿簷飛下年
可十六七美姿容旨趣雅淡謁見上言辭清
爽禮貌臻備明皇命坐果曰弟子當侍立於
側不可賜坐明皇愈喜賜酒飲及一小斗不
醉果辭曰不可更賜過度必有所失致龍顏

斗酒伏
從頂出
生堯丙
子歲

一笑耳。明皇又逼賜之酒，忽從頂上湧出，冠子撲落地，化為金榼。上及嬪御皆驚笑，視之失道士矣，但金榼在地，覆之，榼貯一斗酒。驗之，乃集賢院中榼也。累試仙術，不可窮紀。果嘗言我生堯丙子歲，位侍中，其貌若六七十許。邢和璞者，善知人夭壽；師夜光者，善視鬼。帝令和璞推果壽，則懵然莫知；帝使夜光視之，不見果所在。帝謂高力士曰：吾聞飲堇而無苦者，奇士也。時天寒，因取以飲果，三進，頹

鑑武帝
放鹿

然曰非佳酒也乃寢頃視齒焦縮顧左右取如意擊墮之藏帶中出藥付其齒良久齒復出粲然如玉上狩咸陽獲一大鹿令庖人欲烹之果曰此仙鹿也已滿千歲昔漢武帝元狩五年臣曾侍從畋于上林獲此鹿乃放之上曰鹿多矣時遷代變豈不為獵者所獲乎果曰武帝放之時以銅牌誌於左角下遂命驗之果有銅牌二寸許但文字凋落耳上曰元狩是何甲子至此凡幾年果曰是歲癸亥

武帝始開昆明池今甲戌歲八百五十二年矣上命太史校其曆畧無差焉上問葉法善曰果何人也答曰臣知之然臣言之即死今不敢言若陛下免冠跣足救臣臣可得活上許之法善曰混沌初分白蝙蝠精言訖七竅流血僵仆於地上遽詣果所免冠跣足自稱其罪果徐曰此兒多口過不責之恐泄天地之機耳上復哀懇久之果以水噀其面法善即時復生帝益重之詔圖形集賢院號通玄

先生果屢陳老病乞歸恒州賜絹三百疋隨從弟子二人給驛肩舁到恒州弟子一人放回一人相隨入山天寶初明皇遣使徵果果聞詔至輙卒弟子葬之後發棺但空棺而已

帝為立棲霞觀祀之

軒轅集

軒轅集不知何許人居羅浮山人傳數百歲顏色不老髮長垂地坐暗室則目有光長數丈每採藥於岩谷則毒龍猛獸隨之若為衛護

分身百處赴齋

居常民家請齋者。雖百餘處。皆分身而至。與人飲酒。則袖出一壺。纔容二升。賓客滿座。傾之彌日不竭。飲人酒百升不醉。夜則垂髮盆中。其酒瀝瀝而出。飛朱符可致千里。遇病者以布巾拂之。則應手而愈。宣宗召入。問長生可致乎。答曰。絕聲色。薄滋味。哀樂一致。德施無偏。自然與天地合德。日月齊明。雖堯舜禹湯之道可致。況長生久視。手問先生與張果孰愈。曰。臣不知其他。但年少於果耳。及退以

知金盆伏鵲

美姬盡變為老嫗

金盆覆白鵲試之時集方休於外謂中人曰皇帝安能更令老夫射覆乎中人不諭其意上復召令速至集纔登玉陛謂上曰盆下白鵲宜放之上笑曰先生早知矣命坐御榻前令宮人侍茶湯集睨古而布素有笑之者則鬒髮未啓年方二八頃臾變為老嫗雞皮鮐背鬒髮皤然皆涕泣不已上令謝之却復故京師素無荳蔻荔枝花上曰語及頃刻二花皆至各數百朶枝葉方茂如新剪者又嘗相

頃刻獻荳蔻荔枝花

子。集曰。臣山中有味踰於此。上曰。無緣得矣。集乃取御前碧玉甌。以寶盤覆之。俄頃。徹盤柑子在其下。上食之。嘆曰。其美無比。又問曰。朕得幾年天子。取筆書四十年字。但十字一起。上笑曰。朕安敢望四十年乎。及宴駕。乃十四年也。久之。辭還山。命中使送之。每見其於一布囊內。探錢以施貧者。比至江陵。已施數十萬。取之不竭。未及至山。忽忘其所在。中使皇恐。不日南海奏先生已歸羅浮矣。

申元之

申元之不知何許人遊名山博採方術得內修度世之道唐明皇開元中召入上都開元觀與張果邢和璞羅公遠葉法善尹愔何思遠史崇秘常從帝遊善清談上每延問動移晷刻惟貴妃與內人趙雲容侍側得聞其論雲容嘗送茶乘閒乞長生藥元之白惜汝在世不久矣雲容復懇求不已元之憫其恭勤乃與絳雲丹一粒曰汝服此死必不壞但大其

趙雲容姿，百年後生

棺櫬其穴，含以珠玉，使蒐不飄蕩，魄不淪滯，百年外可以復生。此太陰煉形之道，即為地仙。復百年，當遷洞天矣。雲容從幸東洛，病于蘭昌宮，以元之之言請于帝。帝命中人陳元造，知其所請而葬之。至憲宗元和末，已百年。雲容果再生，元之亦隱顯無常，自號申先生。識者相傳為魏時人，已數百歲。

邢和璞

邢和璞，不知何許人。隱居瀛海濱，善算人心術。

能知死人復活

凡人心之所謀能筭而知之後卜居嵩潁間著潁陽書三篇筭心旋空之訣復能以法活死者唐明皇開元十二年至都朝貴候之其門如市有友人居白馬坡下和璞至死已踰日其母哀之和璞遂置尸于牀引其衾同臥閉戶良久起具湯沐而猶未甦復與之寢乃活又崔司馬者與和璞善因疾篤曰先生何哀我耶已而開寢壁有穿穴声窺之有微隙漸大見導從數百人一人紫衣大冠坐車中

預知房琯為相并終處

謂崔曰邢先生合太乙相救言訖而去其疾遂愈隙穴亦尋失矣房琯為桐廬宰待和璞甚善一月久一謂琯曰君當為宰輔善自愛然其終必食鱠棺以龜茲不在私第不在公館不在寺宇不在外家琯後果踐台輔謫居閬州卧疾紫極宮稍愈太守召會郡齋進鱠食畢疾復作夢神人曰邢真人之言信矣翌日果終前有賈者施龜茲板為老君帳因假以為棺和璞廬終南學道者多依之時崔曙輿

崔晤乃泰山老師後身

其為友恭事左右。一日謂其徒曰。旦夕有異客來。子等為予設具。又戒曰。謹毋窺伺。翌日果一人至。其長五尺。闊三尺。首居其半。衣緋執笏。鼓髯大笑。吻角侵耳。作劇談。多非人間語。崔晤趨而過庭。客熟視謂和璞曰。此非泰山老師乎。曰。然。食畢而去。和璞謂晤曰。此上帝戲臣也。言泰山老師。子能省乎。晤曰。少聞先生言。其實老師後身。然前身不甚記也。和璞後不知所之。

薛季昌

薛季昌，河東人，遇正一先生司馬承禎於南岳，授以玉洞經籙，研真窮妙，勤久不懈，故高真屢降，與香姒䉄於其室中。唐明皇召入禁掖，延問道德，乃談極精微，上喜之，恩寵優異，尋即還山，上賦詩贈之。詩曰：洞府修真客，衡湯愈舊居，將成金闕要，願奉玉清書，雲路三天近，松壚萬籟虛，猶宜傳祕訣，來往候仙輿。冊成，一日忽曰：祝融峰今夕有天真之會，予被

召當往遂凌虛而去

羅子房

羅子房。號沖虛子。玄宗開元中。父子修行於玉笥元貞觀。其父刃解。葬空棺於觀側。沖虛子。父亦成仙。駕空舟於門外杉表。飄飄騰雲而去。

張志和

張志和。字子同。金華人。以策干唐肅宗。為待詔翰林。後親既喪。不復仕。居江湖。自號煙霞釣

席誧水上獨酌

徒又號玄真子垂釣不設餌志不在魚也善畫飲酒三斗不醉守真養氣臥雪不寒入水不濡與陸羽顔真卿交善真卿爲湖州刺史日相倡和後真卿遊平望驛志和酒酣鋪席于水上獨坐而酌其席來去如舟復有雲鶴隨覆其上真卿僚佐觀者莫不驚異尋於水上揮手以謝真卿上昇而去

李賀

李賀字長吉系出鄭王後忠之子也七歲能

辭章韓愈皇甫湜始聞未信過其家使賦詩援筆輒就自目曰高軒過二人大驚爲協律郎卒年二十七賀將終忽見一緋衣天使駕赤虬持一版書若太古篆或霹靂石文者云今奉上命召李長吉賀不能讀欻下榻扣頭言母老且病不願去緋衣人笑曰帝成白玉樓立召君爲記天上殊樂不苦也賀獨泣下人盡見之少頃賀氣絕

顏眞卿

顏眞卿字淸臣師古五世孫博學工詞章事親孝開元間舉進士又擢制科遷監察御史德業詳載唐書建中四年德宗命眞卿問罪李希烈內外知公不還親族餞于長樂坡公醉跳躑前楹曰吾昔遇道士云陶八八授以刀圭碧霞丹至今不衰又曰七十有厄即吉他日待我于羅浮山得非今日之厄乎公至大梁希烈命縊殺之瘞于城南希烈敗家人啓柩見狀貌如生徧身金色爪甲出乎背鬢髮

長數尺。歸葬偃師北山。後有商人至羅浮山。有二道士奕棋樹下。一曰何人至此。荅曰。小客洛陽人。道士笑曰。顧寄一書達吾家遺童子取紙筆作書。客還至北山。顏家子孫得書大驚曰。先太師親筆也。發塚開棺。已空矣。經往羅浮山求之。竟無蹤跡。後白玉蟾云。顏真卿今為北極驅邪院左判官

伊祈玄解

伊祈玄解。鬒髮童顏。氣自香潔。常乘一黃牝馬。

不啖芻粟不施韁勒惟以青氈藉其背常遊
青兗間與人話千年事皆如目擊唐憲宗聞
其異遂召入宮處以九華之室設紫芝日飲
龍膏酒殊自親自訪問頗加敬仰而玄解魯
朴未嘗開人臣禮上因問先生年高顏色不
老何也玄解曰海上種靈草餌之因種于殿
前一曰雙麟芝二曰六合葵三曰萬根藤上
餌之殊覺神驗一日玄解欲辭還東海上未
之許乃於宮中刻木作海上蓬萊三山綵繪

聳身
空中
即去

華麗飾以珠玉上因元日與玄解視之上指
蓬萊曰若非上仙何由得入此境玄解笑曰
三島咫尺誰曰難及臣雖無能試辭陛下一
遊即湧身空中覺漸微小俄而入於金銀闕
内左右連聲呼之竟不復見上追思嘆恨幾
成羸疾因號其山為藏真島後旬日青州奏
玄解乘牝馬過海矣

廣列仙傳卷之五 終

廣仙仙傳卷之六

明少谷張文介輯

呂巖

呂巖字洞賓唐河中府永樂縣人祖渭禮部侍郎父讓海州刺史貞元十四年四月十四日巳時生母就蓐時異香滿室天樂浮空一白鶴自天飛下竟入帳中不見生而金形木質道骨仙風鶴頂龜背虎體龍腮翠眉層稜鳳眼朝鬢頤脩顴露額濶身圓鼻聳[illegible]

一云初名紹先

遇火龍真人得天遁劍法

白黃左眉角一黑子筋頭大兩足下紋起如龜少聰敏日記萬言矢口成文既長身五尺二寸喜頂華陽巾衣黃襴衫繫大皂縧狀類張子房二十不娶始在襁褓馬祖見之曰此兒骨相不凡自是風塵表物他時遇廬則居見鍾則扣留心記取後遊於廬山始遇火龍真人傳天遁劍法自是混俗賣墨於人間號純陽子咸通中舉進士第時年六十四歲後遊長安酒肆見一羽士青巾白袍書三絶句

酒市中
遇要秀

於壁。一曰坐卧常携酒一壺。不教雙眼識皇都。乾坤許大無名姓。踈散人中一丈夫。二曰得道真仙不易逢。幾時歸去願相從。自言住處連滄海。别是蓬萊第一峰。三曰莫厭追歡笑語頻。尋思離亂可傷神。閒來屈指從頭數得到清平有幾人。洞賓詠其狀貌奇古。詩意飄逸。因揖問姓氏。再拜延坐。與人曰可吟一絶。予欲觀之。洞賓援筆書曰。生在儒家遇太平。懸纓重滯布衣輕。誰能世上爭名利。欲事

玉皇歸上清。異人見詩喜曰：予所居在終南鶴嶺，可能從我遊乎。洞賓因隨雲房同憩肆中。雲房自起執炊。洞賓忽欹昏睡，夢以舉子赴京，狀元及第，始自州縣小官，擢朝署，由是臺諫翰苑，及秘閣郎曹，諸清要無不備歷，升而復黜，黜而復升，兩娶富貴家女，婚嫁蚤畢，孫甥振振，簪笏滿門，如此幾四十年，最後獨相十年，權勢薰炙，忽被重罪，籍沒家資，分散妻孥，流於嶺表，一身子然，窮苦憔悴，立馬風

大夢始醒

雪中。方此浩嘆。恍然夢覺。雲房在傍。炊尚未熟。笑曰。黃粱猶未熟。一夢到華胥。洞賓驚曰。君知我夢耶。雲房曰。子適來之夢。升沉萬態。榮悴多端。五十年間一頃耳。得不足喜。喪何足憂。且有大覺。而後知此人世。乃大夢也。洞賓感悟。乃拜雲房求度世術。雲房詭曰。子骨節尚未完。若欲度世。須更數世可也。翩然別去。洞賓乃棄官歸隱。雲房自是十試洞賓。皆過。第一試者。洞賓自外遠歸。忽見家人皆病

雲房十試洞賓

死洞賓心無悼怛備葬具而死者皆起無恙第二試者洞賓鬻貨於市議定其值市者翻然止酬其直之半洞賓無所爭併直之半皆不取委貨而去第三試者洞賓元日出門忽丐者倚門求施洞賓與之錢物而丐者索不已且出惡言洞賓再三禮謝第四試者洞賓牧羊山中遇一虎追逐漸逼洞賓推羊下峻阪獨以身當之虎即釋去第五試者洞賓居山草舍讀書一女年可十七八容華絕世光

艷照人。自言歸寧母家。至此迷路。日暮足弱倦行。借此少憩。既而調戲百端。夜遂同寢。而洞賓竟不為動。如是三日。始辭去。第六試者。洞賓一日郊出。及歸。則家貲為盜劫盡。殆無以供朝夕。洞賓了無慍色。躬耕自給。忽於鋤下。見金數十餅。遽掩之。一無所取。第七試者。洞賓見人賣銅器者。市之。歸。則皆金也。即訪賣主還之。第八試者。有風狂道士。陌上市藥。自言服者立死。旬日不售。洞賓謂此必有

意。因賓歸。道士曰。子速備後事可也。既而服之無恙。第九試者。洞賓因春潦汎溢。衆方病涉。獨擠一小舟。至中流。風濤掀舞。而洞賓端坐不動。竟亦無虞。第十試者。洞賓坐一室。忽見奇形怪狀。鬼神無數。有見擊者。有欲殺者。洞賓一切不問。復有夜叉數十。械一死囚。血肉淋漓。號泣。言汝宿世殺我。今急償我命。洞賓曰。殺命償命。宜也。索刀欲自盡。忽聞空中叱聲。鬼神皆不復見。一人撫掌大笑而下。即

雲房也。謂洞賓曰。吾十試子。子皆心無所動。得道必矣。但功行尚未有完。吾今授子黃白秘方。可以濟世利物。有三千功滿。八百行圓。吾來度子。洞賓曰。所以未辛。術變異乎。曰。三千年後。還本質耳。洞賓憮然曰。誤三千年後人。不願為也。雲房笑曰。子推心如此。三千八百悉在是矣。君能從我遊乎。洞賓因隨之至鶴嶺。雲房悉傳以上真訣。俄清溪鄭思遠。太華施真人。由東南崚虛而來。相揖共坐。施真

日秀精藏可與學仙

人曰此一侍者何人雲房曰呂海州讓之子洞賓乃拜二仙鄭尹曰形清神在目秀精藏可與學道者也一日雲房謂洞賓曰吾朝元有期當奏汝功行以登仙階汝恐不久居此洞後十年洞庭湖相見又以靈寶畢法及靈冊數粒示洞賓授受間忽有二仙捧金簡寶符語雲房曰上帝詔汝為九天金闕選仙當即行雲房乃謂洞賓曰吾行趨上帝召汝好住世間脩功立德他時亦當如我洞賓再拜

附蛟渡

曰巖之志異於先生必須度盡天下衆生方始上昇也於是雲房乘雲冉冉而去洞賓既得雲房之道并火龍真人天遁劍法乃初遊江淮試靈劍遂除長蛟之害隱顯變化追今四百餘年雖在世行化度人然實已出離世間矣世傳洞賓常出沒人間蹤蹟數見一日過岳州城南古寺題二詩于壁一云朝遊岳鄂暮蒼梧袖有青龍膽氣粗三入岳陽人不識朗吟飛過洞庭湖二云獨自行時獨自坐

無限時人，不識我。惟有城南老樹精，分明知道神仙過。說者云：寺有大古松，呂始至，時人無知者，惟有老人，自松頂徐下禮拜，故詩云然。潭州士人夏鈞，罷官過永州，謁何仙姑，問曰：呂先生今安在？何笑曰：今日在潭州興化寺設齋。鈞專記之，到潭州，乃於興化寺取齋曆視之，果其日有華州回容設供。徽宗政和中，宮禁有祟，白晝見形，盜金寶，奸妃嬪，林靈素王文卿諸人治之，息而復作。上精齋慶禱，

宋宮除祟

張飛世爲男子身

奏詞凡六十日。晝寢見東華門外有一道士。碧蓮冠。紫鶴氅。手持水晶如意。揖上曰。臣奉
上帝命。來治此祟。良久召一金甲丈夫。捉祟擘而啗之。且盡。上問丈夫何人。道士曰。此乃
陛下所封崇寧真君關羽也。上勉勞再四。因問張飛何在。羽曰。張飛乃臣累劫兄弟。世世爲男子身。今已爲陛下生於相州岳家。他日輔佐中興。將有功焉。上問道士姓名。道士曰。臣姓陽。四月十四日生。夢覺錄之。意其爲洞

食雲母
粉輕身

實也。自是宮禁怗然。遂詔天下有洞實香火處。皆正妙通真人之號。其神通妙用。蓋不能盡述。此其畧也。有詩辭歌欵碑文數千言行於世

何仙姑

何仙姑。廣州增城縣。何泰之女也。唐武后時。住雲母溪。年十四五。一夕夢神人教食雲母粉。可得輕身不死。因餌之。誓不嫁。常往來山頂。其行如飛。每朝去。暮則持山菓。歸遺其母。後

現身五色雲中

遂辟穀語言異常太后遣使召赴闕中路失之中宗景龍中白日昇仙天寶九載見於麻姑壇五色雲中大曆中又現身于廣州小石樓刺史高翬上其事於朝

裴航

裴航唐長慶中秀才下第因遊襄漢同舟有樊夫人國色也航無由覩面因賂侍婢裊煙而求達詩一章曰向為胡越猶懷想況遇天仙隔錦屏倘若玉京朝會去願隨鸞鶴入青冥

遇樊夫人

夫人乃使裊煙召航相識夫人曰妾有夫在漢南將欲棄官而幽棲巖谷召某一訣耳深驚行不及期豈更有情留盼他人耶但喜與郎君同舟無以諧謔為意航辭而歸夫人後答詩一章云一飲瓊漿百感生玄霜搗盡見雲英藍橋便是神仙窟何必崎嶇上主京航覽之空愧佩而已然亦不能達詩之趣隨抵襄漢夫人與裊煙登岸而去後航經藍橋驛傍因渴甚下車求漿見老嫗紡績麻苧航揖

藍橋遇雲英

之求漿嫗咄曰雲英擕一甌漿來郎君要飲航訝之憶夫人詩有雲英之句俄雲英於葦箔之下出雙玉手捧瓷甌航接飲之真玉液也因還甌遂揭箔覩一女子光彩照人愛慕之求止宿因白嫗曰向覩小娘子姿容耀世所以躊躕而不能去願納厚禮而娶之可乎嫗曰老病只有此女孫昨有神仙與靈藥一刀圭但須玉杵臼擣之百日方可就吞當得後天而老君欲娶此女者得玉杵臼吾當與

之也航拜謝曰願以百日為期必携杵臼而至更無許人嫗曰然航至京適遇一玉杵臼非二百緡不可得航乃傾囊兼貨僕馬方及其值乃獨携至藍橋嫗大笑曰有如此信士乎乃許為婚女曰雖然更為吾擣藥百日方議姻好嫗於襟帶間解藥航即擣之夜則嫗收藥臼于內室航又聞擣藥聲因窺之有玉兎持杵臼而雪光可鑑百日足嫗持藥而吞之曰吾當入洞而告姻戚為裴郎具帷帳遂

挈女入山。謂航曰。但少留此。遂巡遣車馬隷人迎航而往。至一大第。內有帳幄屏帷。珠翠珍玩莫不備具。仙童侍女。引航入帳就禮訖。及引見諸賓。皆神仙中人。有仙女鬟髻霓衣。云是妻之姊耶。航拜訖。女曰。裴郎不相識耶。航曰。昔非姻好。不省拜侍。女曰。不憶鄂渚同舟而抵襄漢乎。航深驚謝。左右曰。是小娘子之姊。雲翹夫人。劉綱仙君之妻也。已是高真。為玉皇之女吏。嫗遂將航夫妻入玉峰洞中。

若之瓔樓珠室，餌以絳雪瓊英之丹，體性清虛，毛髮紺綠，超為上仙。至太和中，友人廬顒

遇友人

廬顒

遇之於藍橋驛之西，因說得道之事，乃贈藍田美玉十斤、紫府雲丹一粒，敘話永日，使達書於親愛。

譚峭

譚峭，字景升，唐國子司業洙之子，幼而聰明，涉文清麗。洙訓以進士業，峭乃獨好黃老諸子、列仙傳，靡不精究。一旦告父，出遊終南山，不

冬衣綠衫臥雪中

入水不濡一火不灼

復歸宗父母以其堅心向道不以世事拘之乃聽其所從而峭師嵩山道士十餘年得辟穀養氣之術常醉獨遊夏則服烏裘冬則衣綠布衫或臥風雪中人謂已斃視之氣休休然或謂風狂每行吟曰線作長江扇作天鞁鞋拋在海東邊蓬萊信道無多路只在譚生拄杖前後居南嶽煉冊成服之入水不濡入火不灼亦能隱化復入青城山去也峭嘗作化書南唐宋齊丘竊其名為己作見行於世

爾朱洞

爾朱洞字通微不知何許人必遇異人傳還元抱一之道因自號歸元子初隱蓬山後賣藥於蜀漢間其行如飛時飲猪血酒哦詩逆旅主人每夕怪其屋有聲聞窺之見其身自擲而升觸棟而止或於枯骸中得物如雀卵持以問洞洞曰殆服神丹而不能脩煉故純陰剝消無陽與俱獨就丹田成此耳若文子吞之當生異兒唐末王建圍成都洞亦在圍城

一名百
萬錢

中城久不下建約城陷日誅夷無噍類主人甚憂之洞曰無憂也乃施席籠攝踶及三軍皆入其中建與軍皆見神人乘黑雲叱建曰敢有禍吾民者禍即及汝建等怖伏曰不敢後建入成都戒兵勿殺民不改肆洞賣冊藥每一粒要錢十二萬太守欲買之曰太守金多非一百二十萬錢不可太守以為惑衆納之竹畚沉於江中至涪陵上流有二人乘舟而漁舉網怪其重出之乃洞也漁者曰此

遇三都　登仙

守三一

以與人入定乎。沿銅走竈之。少頃洞開目。問漁者曰。此去銅梁幾何。有三都乎。二漁人曰。我白石江人。此去銅梁四百里。自是而東即豊都縣。平都山。仙都觀也。洞曰。吾師謂吾遇三都。白石浮水。乃仙去。殆此地耶。先是洞至江濱。每投白石。待其浮。入不鮮也。洞既登岸。語二漁者曰。視子類有道者。有所傳乎。二漁曰。我昔從海上仙人。得三一之旨。煉陽消陰。亦有年矣。洞於是索酒。與劇飲。取册分餌之

至荔枝園中、三人昇雲而去。

栁實元徹

栁實元徹、衡岳人。唐元和中、結伴往驩愛二州。各省其父。至登州、欲越海將抵交趾。夜半颶風忽起、斷其舟纜、飄入大海孤嶋中。二子次日登其崖、見一廟。中有玉天尊像。案上止有金香爐一物。周覽久之、忽覩東角有紫雲自海湧出、直抵島上。俄有雙鬟侍女捧玉合至。天尊所、炷以異香。二子以事告。女曰、少頃玉

虛尊師。嘗降此島。與南溟夫人會。子堅請之嘗有所遂。言訖。二仙果乘白鹿。駁彩霞而來二子泣而求救。玉虛問之曰。子隨南溟夫人而行。當有歸期。無慮也。夫人視二子久之曰。二子殊有道骨。他日當得仙。但子宿分自有師。吾不合為子師耳。雖然。既相遇。不可無靈藥相贈也。遂命侍女曰。可送二客去。然所步何橋。侍女曰。百花橋可往。二子拜謝而別。乃贈以玉壺一枚。高尺餘。復贈以詩云。來從一

葉舟中來。去向百花橋上去。着到人間扣玉臺。鶯鶯自解分明語。俄有橋長數百步。欄檻傍。皆開異花。二子於花間潛窺。皆群龍相接為橋。將至海岸。侍女乃解襟帶一盒子中有物如蜘蛛形狀。謂二子曰。一事相托。吾輩水仙也。純陰無陽。昔遇番禺少年有情。因而生子。垂三歲。合棄之。夫人命與南岳之神為子數年前。南岳回鴈峯有使者至水府。使者回留以吾子所弄玉環寄之。而使者隱之不付

扣玉壺

內應

吾子。二君歸。必經囬鴈峯下。願訪使者廟。以此合投之。當得玉環。為送南岳與吾子。吾子亦當有報効爾。慎勿啓之。二子因問侍女曰。夫人詩云。若列人間扣玉壺。鴛鴦自解分明語。何也。侍女曰。子有事但扣玉壺。內當應之凡事皆可如意。又曰。夫人云。吾輩自有師。師當是誰。曰南岳太極先生爾。至岸別去。二子抵家。時已十年。童稚已弱冠。其親皆死。方及三月。二子急扣玉壺。壺中應云。可往使者廟。

投合。當得妙藥。二子乃共抵回鴈峯訪使者廟。以合投之。須臾有黑龍飛騰空中。下一玉環。果如侍女所云。乃取之。以送於南岳廟。忽現黄衣少年。出二金合。謂二子曰。此藥名返魂膏。二君家有斃者。雖一甲子。猶可塗頂而活。言訖。少年不見。二子遂持歸。以塗其妻頂。二亡者復活。乃共往南岳山中。訪太極先生。經年不遇。一日雪中見老叟負薪。哀其年老而寒。飲之以酒。睹薪檐上有刻太極二字。乃

太極先生

拜求之。因持玉壺以告其故。叟曰。吾平生貯玉液者。此壺也。遂拉二子。同上祝融峯。更不復出。

王四郎

王四郎。洛陽尉。王琚之姪。久好道遠遊。唐元和中。琚赴調。自鄭入京。過東都天津橋。四郎迎于馬前。以金五兩餽琚。金色如鷄冠。曰。此不可售與常人。宜到京。訪張蓬子付之。價值二百千。琚異之。詰四郎。頃在何地。今何適。對曰。

向居士小屋有洞天令挈家往峩眉山琚又問曰今暫寓何地曰中橋逆旅席家琚投宿即覓席家四郎已行矣因詢其行李席氏曰四郎妻妾四五人車馬華侈非常琚尤異之及至京訪張蓬子出金示之索值二千蓬子驚喜曰從何得此道者王四郎所貨化金也乃如數與之琚後屢訪蓬子不可得見

許栖岩

許栖岩家岐山下唐貞元中下第寓長安欵市

市往謁馬因過太乙元君

一蓄馬請道士筮之得乾之九五飛龍在天利見大人道士曰此馬龍種也公市之當昇天栖岩喜乃市之時魏公鎮蜀栖岩往謁之道經劒閣馬失足墮于萬丈之壑幸墮積葉上無損栖岩嗟嘆久之乃信馬行數十里至一洞口見萬花林中有青石池池傍石屋中有道士白髮冊臉偃卧于石塌之上傍侍二玉女栖岩叩首再拜玉女駭曰汝何人遽至太乙元君之室栖岩語以故二女乃白元

君元君曰汝在人間何好曰好道常誦莊老
黃庭經元君曰汝於三書各得何句栖岩曰
莊子則真人息之以踵老君則其精甚真黃
庭則但思一部壽無窮元君曰子頗知道乃
命坐玉女酌石髓而飲之曰嵇康不能得而
汝得之數也栖岩乃跪謝玉女前曰穎道士
至矣元君命設榻而坐栖岩因熟視道士乃
昔卜馬者大驚異之道士曰昔者乾卦合今
日矣俄頃有仙童馭鹿與龍而至曰東皇君

四語絕淸無煙火氣

迎元君翫月曲龍山。元君謂栖岩曰。可與同遊。乃跨鹿龍而去。頃刻抵曲龍山。見危橋千步。聳柱萬尋。若長虹之亘青天。玉瑩無塵。元君命栖岩拜東皇。東皇曰。汝許長史孫也。我昨與汝祖同飲。亦知汝當來。宴間東皇命玉女歌青城丈人詞。歌曰。玉砌瑤堦泉滴乳。玉簫催鳳和煙舞。青城丈人何處遊。玄鶴唳天雲一縷。歌畢。元君與栖岩乘龍鹿而返。下視一大城郭。栖岩曰。此何處也。元君曰。此新羅

號縣
置針

國耳。至海畔小城。又問此何處。曰此唐國登州耳。俄到洞府。栖岩再拜辭歸。元君曰。汝得餌石髓。已得人間千歲。願無漏泄。無荒淫。能如此。猶更得一見吾也。栖岩將上馬。元君曰。此馬乃吾洞之龍。因傷稼。謫人間。汝到人間。無用此馬。但于渭溪解之。當化龍去。玉女又謂栖岩曰。龍馬田日號縣田婆針。幸寄少許。栖岩遂跨馬。頃刻至號縣。舊庄詢時代。已六十餘年矣。時唐宣宗大中五年也。栖岩乃訪

田婆覓針。田婆曰。太乙家紫霄娣妹書來云。托人市針。其子耶栖岩。遂取針。繫于馬鬣。放之渭水中。果化為龍而去。栖岩後隱匡廬間。多有人見之者。

韓湘子

韓湘子。字清夫。韓文公之猶子也。落魄不羈。文公勉之學。湘曰。湘之所學。非公知之。公令作詩以觀其志。詩曰。青山雲水窟。此地是吾家。後夜飡瓊液。凌晨咀絳霞。琴彈碧玉調。炉煉

雪擁藍關

白珠砂寶鼎存金虎芝田養白鴉一瓢藏造化三尺斬妖邪觧造逡巡酒能開頃刻花有人能學我同共看仙葩公覧曰子能奪造化耶公為開樽湘聚土以盆覆之良久花開乃碧花二朵似牡丹差大顏色更麗花間擁出金字一聯云雲横秦嶺家何在雪擁藍關馬不前公未曉其意湘曰他日驗之未幾公以諫佛骨事謫官潮州一日途中遇雪俄有一人冐雪而來乃湘也湘曰憶花上之句乎正

今日事也。公詢其地。即藍關。嗟嘆久之。曰。吾為汝足此詩。即韓集中。一封朝奏九重天云云。遂與湘宿藍關傳舍。公方信此道之不誣也。湘辭去。乃出藥一瓢與公曰。服一粒可以禦癘毒。公垂淚曰。吾不敢復希富貴。但得生入鬼門關足矣。湘曰。公不久即西。不惟全家無恙。且當復用於朝。公曰。此後復有相見之期乎。湘曰。前約未可知也。後皆如所說焉。

江叟

江叟善吹笛。槐上有神。教往荊山求鮑仙。叟知言得鮑賺以玉笛吹之。龍來迎去。成水仙。

陳摶

陳摶。字圖南。號扶搖子。亳州人。初生不能言。至四五歲戲渦水。水濱有青衣媼。召置懷中乳之。始能言。聰悟過人。經史一覽無遺。十五詩禮書數至方藥之書。莫不通究。親喪。先生曰。吾向所學。但足以記姓名而已。吾將遊泰山與安期黃石輩論出世法。合不死藥。安能與

世人。脂常汩沒。出入生死輪迴間哉。乃盡其家業。散以遺人。惟携一石鐺而去。唐士大夫挹其清風。咸欲識其面。如覩景星慶雲。先生皆不與之交。唐明宗聞先生名。親為手詔召之。先生至長揖人主。明宗待之愈謹。以宮女三人賜先生。先生賦一詩絕之。詩云。雪為肌體玉為腮。多謝君王送到來。處士不生巫峽夢。空煩雲雨下陽臺。以書奏及詩付宮使。即時遯去。隱居武當山。九室巖。服氣辟穀。凡二

睡熟遺骸生塵

十餘年復移居華山是時年已七十餘矣常閉門卧累月不起周世宗顯德中有樵於山麓者見有遺骸生塵迫而視之乃先生也捫其心獨煖良久氣還而起曰睡酣奚為擾我一日乘驢遊華陰聞宋太祖登極大笑曰天下自此定矣太祖召不至太宗初年始赴召求一靜室休息乃賜觀於建隆觀扃户熟寐月餘方起賜號希夷先生端拱元年一日語門人曰吾來歲中元後當遊峩眉明年遣門

趙普紫微垣小星

人鑿石室於張超谷。既成。先生往造之。曰。吾其歸於此乎。先生初欲示化。使盡夜燃燭于石室中。至期以左手支頤而終。逮七日。容色不變。肢體尚溫。有五色雲封其谷口。彌月不散。享年一百一十八歲。一云先生尤精易學。鑿人察物。辨別聖凡。宋太祖太宗龍潛時。與趙普遊長安市。先生與之同入酒肆。普坐太祖太宗之右。先生曰。汝紫微垣一小星爾。乃可坐其上乎。周世宗宋太祖同行。先生則云。

美名造物所忌

陳堯咨為南菴子

城外有二天子氣。种放初從先生。先生曰。滋當逢明主。名馳海內。但名者古今之美器。造物者所忌。天地間無完名。子名將起。必有物敗之。可戒也。放晚年修節過度。竟喪清節。皆如其言。陳堯咨既登第。過謁先生。坐中有道人鬈髻。目堯咨。連曰南菴南菴。語已徑去。陳深異之。問曰。向來何人。先生曰。鍾離子也。陳公悵然。欲追之。先生笑曰。已在數千里外矣。陳曰。南菴何謂也。先生曰。他日自知之。後陳

預知郭流意在瓢

轉漕閘中過墟里間闢田婦呼其子曰汝去南菴促汝父歸陳乃大驚問南菴所在視之則廢伽藍也有碣云某年月日南菴主入滅祠其真身於此乃耗浴生辰也又能逆知人意齋中有大瓢桂壁上道士賈休復心欲得之而不言先生謂賈曰子來非他盖欲吾瓢爾呼侍者取與之有郭流者少居華陰嘗宿觀下中夜先生呼令速歸先生與之俱往一二里有人號呼報其母卒流始悟其言先生

因遺以藥使急去可救既至果卒灌其藥遂甦華陰令王睦謂先生曰先生居溪巖寢止何室出使何人守之也先生笑而作詩曰華山高處是吾宮出即凌空跨曉風臺榭不將金鎖閉來時自有白雲封一日有一客訪先生適值其睡傍有一仙人聽其息聲以黑筆記之滿紙烏塗莫辨客怪而請問之仙人曰此先生華胥調混沌譜也先生嘗遇毛女因贈之詩詩云藥苗不滿笥又更上危巔回指

王門厮役皆將相

數學
象學

歸去路。相將入翠屏太宗聞先生善相人遣諸南衙見真宗及門亟還問其故曰王門厮役皆將相也何必見王建儲之議遂定先生爲种放上上世葬地於豹林谷下未定穴既葬先生見之言地固佳但安穴稍後世世止出名將种放不娶無子自其姪世衡至今爲將帥有聲先生好易學以數學授穆伯長穆授李挺之李授邵康節以象學授种放放授廬江許堅堅授范諤此一枝傳於南方也

用房中術得仙

甘始

甘始太原人善行氣不飲食又服天門冬行房中之事依容成玄素之法更演益之為一卷用之甚有近効後入王屋山仙去

張用成 紫陽

張伯端天台人少好學晚傳混元之道而未備孜孜訪問遍歷四月宋神宗熙寧二年遊蜀遇劉海蟾授金液還丹火候之訣乃改名用成字平叔號紫陽嘗有一僧修戒定慧自以

出神揚州觀瓊花

為得最上乘禪者能入定出神數百里間頃刻即到一日與紫陽相遇雅志契合紫陽曰禪師今日能與同遊遠方乎僧曰可也紫陽曰惟命是聽僧曰願同往揚州觀瓊花紫陽曰諾於是紫陽與僧處一靜室相對瞑目趺坐皆出神遊紫陽至時僧已先至遶花三匝紫陽曰可折一花為記僧與紫陽乃各折一花歸少頃紫陽與禪師欠伸而覺紫陽曰禪師攜花何在禪師袖手皆空紫陽乃拈出瓊

陽神陰神之別

花。與僧契翫。弟子問紫陽曰。禪師與吾師。同此神遊。何以有折花之異。紫陽曰。我金丹大道。性命兼脩。是故聚則成形。散則成氣。所至之地。真神見形。謂之陽神。彼之所脩。欲速見功。不復脩命。直脩性宗。故所至之地。人見無復形影。謂之陰神。英宗治平中。隨龍圖陸公寓桂林。後轉徙秦隴。久之。事扶風馬默處厚於河東。乃以所著悟真篇。授處厚曰。平生所學。盡在是矣。願公流布此書。當有因書而會

得君舍利千百粒

三人皆紫微星

意者。元豐五年夏。跌坐而化。住世九十九歲一好禪弟子。用火燒化。得舍利千百大者。如芡實。色皆紺碧。群弟子至。遂指謂曰。此道書所謂舍利耀金姿也。後七年。劉奉真遇紫陽於王屋山。留詩一張而去。紫陽嘗自謂已與黃冕仲。維楊于先生。三人。皆紫微星。號九皇真人。因誤校勘。劫運之籍。遂謫人間。今垣中光耀可見者。六星而已。

劉斗子。名奉真。又名劉斗子。建康人。張紫陽弟子。初脩煉白龍洞中。後白日昇天

石泰

石泰。常州人。字得之。號杏林。一號翠玄子。遇張紫陽得。金丹之道。初紫陽得道於劉海蟾。海蟾曰。異日有為汝脫韁解鎖者。當以此道授之。餘不可輕傳也。後紫陽三傳非人。三遭禍患。誓不敢妄傳。乃作悟真篇行於世。曰。使宿有仙風道骨之人。讀之自悟。復罹鳳州太守

三傳非人三得禍

經，按以事坐黥竄，經由郴境，酒肆中適遇杏林，告以故，杏林曰，郴太守泰故人也，乃為之先容，一見獲免，紫陽感之，曰，此恩不報，豈人也哉，乃盡以冊法傳於杏林，杏林道成，作還元篇行于世，壽一百三十七，於宋高宗紹興二十八年中秋日尸解，後二年，易介復見杏林於羅浮山。

趙吉

趙吉，高安人，狂而落魄，兩目皆瞽，自言生一百

仙要在
陽降陰
升

遊石泰
灯下縫
衣

二十七年矣。宋元豐中。蘇轍謫居高安。吉代
見曰吾知君好道。而不得要。陽不降。陰不升
故肉多而浮。面赤而瘡。教轍挽水以溉百體
經旬諸疾皆愈。後尸解于興國軍。

薛道光

薛道光。字太源。閬州人。嘗為僧。復雅好金丹導
養。宋徽宗丙戌冬。遇石泰。年八十五矣。綠髮
朱顏。夜事縫紉。道光心因異之。偶舉張紫陽
詩。石曰。此吾師也。道光乃稽首請因受業。卒

學還丹道成乃註悟真篇及復命篇丹髓歌行世壽一百十四歲光宗紹熙二年九日尸解明年沙道昭復見道光于霍童山

雷隱翁

雷隱翁名本少磊落不群既長業進士再試即棄去默坐終日俗子或誚其癡隱翁笑曰終不以吾癡易女黠一日以術授其子因出遊不返宋元祐間有朝士遊羅浮山見其坐于松下自道姓名云雷隱翁

曆日一覽能誦

林靈素

林靈素字通叟求嘉人母夜歸紅雲覆身因有孕懷胎二十四月一夕夢神人衣緑袍玉帶眼出日光執筆告曰來日借此居也次日先生誕金光滿室五歲不語忽有道士頂青玉冠披霞衣不告而入見先生喜曰久別特來相謁相顧撫掌大笑自此能言七歲粗能作詩曰記萬言蘇東坡以曆日與讀一覽能誦東坡驚曰子聰明過我富貴可立待先生笑

而答曰。生封侯死立廟。不離下鬼。願作神仙。予之志也。年三十遊西洛。遇一道士。姓趙。授以神霄天壇玉書。書中有神仙變化法。并興雲致雨符咒。驅遣下鬼。役使萬靈等法。自後行法無施不靈。次年岳陽酒肆。復遇趙道士。道上云。吾漢天師弟子。趙昇也。向授玉書。宜謹行之。行當為神霄教主。兼雷霆大判官。以輔東華帝君也。崇寧五年。中秋夜。徽宗皇帝。夢遊神霄府。赴玉帝召。騰空而上。遙見天門。

一人星冠法服執圭引帝入門上有朱牌金字曰神霄玉闕之門次過一小院曰玉樞院一朱衣吏迎帝入曰此帝君舊居也及朝見玉帝傳旨云宜任忠賢去奸邪保社稷帝自天門而下百餘步見一道人青衣青巾跨青牛而上導從甚肅至玉帝前呼萬歲言訖駕青牛而上天門帝夢覺記之大觀二年詔求天下有道之士茅山宗師以先生薦入見帝曰卿有何法術先生奏云臣上知天上中識

奏玉帝乞觀雷書

人間下知地府先年中秋上朝玉帝臣曾瞻見天顔帝曰朕方省之向乘青牛何在曰寄養外國不久當進上也帝甚奇之不時宣召入內刪定道史經籙靈壇等事帝以師事之特建神霄宮宮成帝引百官遊行曰宣德五門來萬國蔡京等沉思無答先生應聲曰神霄一府總諸天帝大喜帝欲脩雷書金經全足收入道藏永訪不得先生靜夜飛神奏告上帝乞賜觀雷書并霆司等印上帝遣玉女

以二印授之併雷書五卷先生看畢懷印而還録雷書進上至是始全政和七年高麗国果進青牛帝大喜即以賜先生重和元年華山因開三清殿基石匣中有雷文法書一冊乃金地藺紙進至御前與先生所録天上雷書不差一字帝喜曰何先生聰明神聖記之如此帝又於禁中封自書青詞密奏次日問先生曰昨朕所奏青詞達否對曰未達緣誤寫一字靈官未敢以聞乃讀帝青詞朗朗帝

默知帝奏青詞　皇后陰神求見　徽宗遊東華宮　右

撫先生背曰先生真神仙也一日先生侍膳帝嘆曰朕思皇后英魂先生可能致之一見乎先生曰能至夜設醮飛符召之奏云皇后見在玉華宮與王母宴集頃刻即當至矣俄異香襲人天花亂墜仙樂滿宮皇后駕青鸞而至謂帝曰臣妾昔為仙官主者因神霄相會思凡謫下人間今還復居舊職願陛下防丙午之亂任忠去奸誅童蔡以謝天意其禍可免帝問卿昔在仙班是何職位后曰即紫

虛无君陰神陛下即東華帝君也帝曰禁中諸人有天降者否后曰明節乃紫虛玄靈夫人王皇后乃獻花菩薩太子乃龜山羅漢尊者蔡京乃北都六洞魔王大頭鬼童貫是飛天大鬼毋林先生是神霄教主無雷霆大判官徐知常是東海巨蟾精帝又問國祚如何默默不答漸隱身而去帝他日又謂先生曰安得見真武聖像先生曰容臣同虛靜天師奏請焚符畢黑雲蔽日大雷霹靂火光中現

玄帝現神

王母見帝

出龜蛇須臾降一巨足塞於殿前帝拜云願聖祖見一小身俯徇瞻仰遂現身長丈餘端嚴妙相披髮皂袍垂地金甲大袖玉帶腕劍跣足頂有圓光立一時久帝乃自為寫真與昔太宗皇帝時寫者不差帝愈敬之又請見王母先生但燒一小符王母即領諸玉女乘雲而降帝拈香再拜王母曰東華帝君久不見矣帝請訓教王母乃授以神冊補益之法復曰察奸臣遷都長安法太祖太宗行事不

蔡京驕譖

壁上黄羅帳

然後悔無及矣言訖而去先生有一室乃入
静之處中有一椅外常封鎖雖駕到亦不引
入蔡京乃譖言于帝曰室中有黄羅帳銷金
龍床椅卓皆朱殊有僭意願陛下親往觀之
帝即幸神霄宫與京徑入其室但見粉壁明
窓椅卓二隻他無一物京惶懼請罪先生請
問帝語其故先生乃指壁上有一金樓玉殿
小符下盡黄羅帳如錢大帝笑曰先生游戲
得好也一日太子奏林靈素俱妖術願陛下

噀水成龍鶴數百

吹水成冰

誅之。陛下如不信。乞宣諸法師。破其邪法。時有十二人。俱善法術。帝乃命二人與先生會於凝神殿鬪法。宣太子諸王暨群臣觀之。先生噀水一口。化成五色雲。雲中有仙鶴數百。飛繞殿前。又有金龍獅子。十二人等奏曰。皆紙龍鶴。臣等誦大神呪。當令龍鶴即化為紙。念呪訖。龍鶴愈加多。帝曰。此場負矣。更有何術。十二人奏能呪水使沸。先生取氣一口吹盂中水。即成冰。先生奏云。乞焚炭千斤以為

入火洞不焚

火洞。臣先入。令十二人隨之。先生入火洞。大不着衣。諸人伏地哀告乞赦。餘生乃發開封府刺面配遣。先生見朝政日非。乃上疏云。蔡京鬼之首。任之以重權。童貫國之賊。付之以兵柄。慧星示變。陛下不能脩德以禳之。太乙離宮。陛下不能遷都以避之。若云數不可逃。然古昔却有過期之曆。臣今暫辭龍顏。願陛下自愛。帝降詔不允。乃呼諸弟子將前後宣賜之物。約可三百擔。編號封鎖。全納宮中。只

須知欽宗伐冢

喚一童子。攜衣被行。私出國門而去。帝乃賜觀溫州。一日謂弟子張如晦曰。塵世不可久戀。況大禍將及。吾將去矣。他日神霄再會。言訖。端坐而化。先自指墳於郭外。遺命曰。可於正穴中更深五尺。見龜蛇。即下棺。見五色氣出。不可蓋土。宜急走百步。弟子依其言。下棺後。忽山崩石裂。不知所在。太子即位。遣人伐先生冢。三日不知去處。見亂石縱橫。黑風雷雨。大光繞地。人面不能相覩。使臣還奏。淵聖

趙湡 梅言

驚異之勅封通真達靈真人立祠天慶觀今存焉趙湡嘗作記曰先生旨趣淵深非博學士大夫莫能曉識僕弃仕時先生曾許僕當中與作相若遇春頭亦會之賊可以致仕不然則相遇于潮陽古驛中此時悔之晚矣初不以為然後作相時因奏事果遭秦檜之害被罪海島道經潮陽驛中方抵驛庭見一少年繡衣紅鞋徑入驛中視之即先生也笑問曰前言繆乎始知先生是真仙也

薩守堅

薩守堅南華人少有利物心嘗學醫誤用藥殺人遂棄醫聞江南三十代天師虛靜先生及林王二侍宸道法之高欲往師之至陝行囊已盡忽見三道人來問堅何所往堅告以故道人曰天師羽化矣薩方悵恨一道人云今天師道法亦高吾與之有舊當為作字可往訪之遂授以呪棗之術曰呪一棗可取七文一日但呪十棗得七十文則有一日資矣一

道人云吾亦有一法相授與之椶扇一把曰一
有病者則扇之愈一道人云吾亦有一法相
授乃雷法也薩用之皆驗始達信州見天師
投書忽舉家慟哭乃虛靜天師手筆信中言
吾與林侍宸王侍宸遇薩某各以一法授之
矣可授以未盡之文薩由是道法大顯嘗寓
某處城隍廟數日太守夢城隍告之曰薩先
生數日寓此令我起處不安幸為我善遣之
太守至廟遂譴使去薩行數十里遇人舁豕

王善相隨十二年報悅无可報

往廟酬願薩以火許香附之曰去酬愿畢為置爐焚之其人如命忽迅雷大震火焚其廟越三年薩至某渡無操舟者舉篙自渡置三文錢於舟中以償渡金曰掬水浣手見一人鐵幞紅袍手執玉斧立於水中薩呵之曰汝何人速見形其人立於側曰我王善即某州城隍也向君無故怒焚余廟令余一家無依因訴之上帝帝賜玉斧令我相隨遇真官有犯天律令我便宜行事後察今隨真官三年

矣並無犯律事且置錢舟中以此微瞎且不
欺則君無可報之時矣今願為部將奉行法
旨薩曰更隨三年亦只如是乃遂奏玉帝擢
為部將每有行持報應若響後遊閩中忽端
坐而化

徐彎

徐彎海塩人少有道術能收捕邪精錢塘人杜
氏女患邪彎為作法符召之見白衣人入門
彎一叱即成白龜後登石崎山不返兄弟往

空壳倚樹

尋之見巒在山上倚樹不動遂挽下惟空殼耳。蓋尸解也。

廣列仙傳六卷終

廣列仙傳卷之七

明少谷張文介輯

陳楠

陳楠字南木號翠虛博羅人以盤櫳箍桶爲生後得太乙刀圭金丹法於毘陵禪師得景霄大雷琅書於黎姥山神人能以符水捻土愈病故人呼之爲陳泥丸時披髮走日行四五百里鶉衣百結塵垢滿身啗食犬肉終日爛醉嘗之蒼梧遇郡禱旱翠虛執鐵鞭下潭驅

含水銀一宿成白金

龍煩曳雷雨交作過三山大義渡洪流舟不敢行翠虛浮笠而濟行欽營道中遇群盜拉殺瘞之三日盜散復甦遊長沙衡帥節執拘送邕州去數夕又回長沙矣中夜坐或含水銀越宿吐視已成白金常自言閱世四十三然有四世見之者有翠虛妙悟全集行世以冊法授白玉蟾寧宗嘉定間於漳入水而逝乃水解也當日有葛縣尉在潭州寧鄉見之翠虛與尉之父為厚交因寄一書使尉歸潮

州達其父後方知當目在此尸解於彼復見也

朱橘

朱橘號翠陽淮西人橘之生也母夢吞一星光大如斗已有娠十五月母常憂焉一日遇道人於門首手持一橘謂其母曰食此子生矣母喜而受之請問姓氏道人曰鞠君子吾姓名也言訖遂不見移時橘生父異之因命名橘兩領鄉薦不遂因臨池顧影倏然驚悟乃

富貴如
海上漚
空中雲

厭薄名利。藥脩煉。一日遇一道人。手握一橘。狀若風狂。行歌曰。橘橘橘。無人識。惟有姓李人。方知是端的。衆莫曉其意。獨橘有所感。隨至郊外。乃拜而問曰。真人非鞠君子乎。道人曰。子何人也。橘以姓名告。乃悟昔時之事。道人曰。子今何所欲。或富或貴。惟汝擇之。吾從汝所請。橘曰。人生富貴。如海上漚。空中雲。何足慕。惟神仙不死之旨。可得聞乎。道人因點化之。且誡令往皖公山築室。依法脩煉。橘拜

謝訖道人乘雲冉冉而去道人者即鞠君子號九霞陳翠虛之弟子也橘遵教入皖公山脩煉後有人見一小兒潔白如玉洗手菴前池上行如流星及隨其所之入菴不見惟橘端坐人皆謂橘乃小兒之顯相也一日謂鄉人陳六曰吾今當立化於縣衙前陳從其言化後用泥塑之忽傅羅狠吏醉怒曰此假化也乃執凳鞭之但堆泥墮地而已衆人方知橘示神變而尸解去時宋理宗淳佑二年也

醉墮西湖旦坐湖面

白玉蟾

先生姓白母以玉蟾名之應夢也號海瓊子事陳翠虛九年始得其道蓬頭跣足一衲弊甚喜飲酒不見其醉博洽儒書出言成章文不加點大字草書若龍蛇飛動兼善篆隸尤妙梅竹雷印常佩肘間祈禳輒有異應時言休咎警動聾俗嘗在京都遊西湖至暮墮水舟人驚尋不見達旦則先生在水上猶醺然也一日有持刀追脅者先生叱之其人墜刀而

走先生召之曰汝來勿驚以刀還之時稱先生入水不濡逢兵不害後縱遊名山莫知所之或云尸解於海豐縣

彭耜

彭耜字季益三山人早有文聲事白玉蟾得太乙刀圭火符之傳九鼎金鉛砂汞之書紫霄嘯命風霆之文隱居鶴林以符治疾與世絕交遊其內子潘蘩珠厥志一也後尸解福州為鶴林真人

山川草水皆腥

分身十處同趙

劉益

劉益藍田人隱直磨廬六十年膚如玉雨泥徒步騎不能及徽宗禮之甚厚然非所樂也力求還山宣和末常曰山川草木何腥羶之甚耶吾惡之遂尸解去已而戎難作

石坦

石坦渤海人游趙魏諸名山遇異人得道能分身同時詣十餘家已而各家皆云坦於某時到所言各異後不知所之

孔元

孔元不知何許人。服松脂松實茯苓。容更少壯。年已一百七十餘歲。酒筵間或請元作酒令。元乃以杖拄地。倒頭向下。持酒倒飲。人不能為之也。常于水邊。鑿地作一方丈。乃住其中。斷穀。或一月而出。後入華嶽得道。

王嘉

王嘉。號重陽子。咸陽人。母感異夢而娠。二十有四月始生。師身長貌雄偉。弱冠業進士。好屬

授譚
捉馬

文才思敏捷。僞齊劉豫改元阜昌。初大飢。人相食。惟師家富。爲隣里刼取家財一空。有司率兵捕之。師曰。吾不忍寘之死地。有司賢之。一日遇呂純陽於醴泉。授以脩仙口訣。并秘語五篇。且曰。速去東海。授譚捉馬。已而俄失所在。師乃捐妻子。送次女於姻家。竟委而去。師性少檢束。人呼爲王害風。常携鐵礶乞食。經行藍田登州崑崙之間。其隨行馬鈺譚玉。劉處玄丘處機。皆其傳道弟子也。一日作詩

邱孫仙姑

別衆親友奄然而逝享年五十八歲馬鈺嗣其教與譚劉丘繼爲宗盟元至元六年贈爲重陽全真開元真君有前後韜光集行於世

馬鈺

馬鈺初名從義字宜甫後改名鈺號丹陽子寧海人母初孕時夢麻姑賜丹一粒吞之覺而分瑞時金太宗天會元年也兒時常誦乘雲駕鶴之語李無夢見而奇之曰額有三山手垂過膝真大仙之才孫君以女妻之生三子

嘗題詩云抱元守一是工夫懶漢如今一也無終日御林暢神思醉中却有那人扶衆皆不曉其意一日王重陽祖師自終南來訪師云宿有仙契既食瓜從蒂食起問其故曰甘向苦中來又問從何方來曰不遠千里特來扶醉人師默念與前所作詩合異之乃師事焉始師慶一鶴從地湧出至是起菴南園養師師指鶴起之地名之曰全真久之祖師欲挽師西遊師未能輒棄其家百方點化之一

日命師鎖其菴日饋一食時隆冬風雪四入然祖師神形冲暢如在春風中日賜師夫妻梨芋與栗師奇之乃以貲產付三子從祖師居崑崙之煙霞洞其妻孫仙姑在家另結菴各行其所傳脩煉二十餘年一日師謂門人曰今日當有非常之喜乃歌舞自娛俄聞空中樂聲仰見仙姑乘雲上昇未幾夜談將二鼓風雨大雷忽震師東首枕肱而逝是夜師扣酒監郭復中門索筆書頌云長年六十一

在世無人識。烈雷吼一聲。浩浩隨風逸。書畢。即趨而去。又書劉錫屋壁一頌。少頃人云。師

出陽神

已逝矣。方悟所見者。皆師之陽神也。師仙去

後。進士徐紹祖等。見重陽霞冠絳服。冊陽立

二師立雲際

髻素衣。現於雲際。移時乃去。至元六年。贈冊

陽抱一無為真人。

孫仙姑

孫仙姑。名不二。號清靜散人。寧海人。即馬宜甫

之妻也。毋夢鶴入懷。覺而有妊。生而聰慧。好

鎖菴事見宜甫傳

濟人。重陽祖師自終南來化宜甫泊仙姑入道。夫婦敬之。若神宜甫仙姑。未能輒棄家從之。每點化未悟。一日仙姑見祖師大醉。徑造其宅。卧於仙姑寢室。姑責其非礼。怒鎖之門內。使僕人呼宜甫歸而告之。宜甫曰。師與予談道。不離几席。寧有此事。及開鎖其室已空。乃窺所鎖之菴。祖師睡正濃矣。姑愈敬信。乃始作菴脩煉。時年五十矣。後復從風仙姑遊至洛陽。六年道成。一日忽謂弟子曰。師真有

妻先
脊仙

命當付瑤池遂沐浴更衣書頌云三千功滿超三界跳出陰陽包裹外隱顯縱橫得自由酧恵不復歸寧海書畢跏趺而化香風散漫瑞氣氤氳竟日不散時宜甫居寧海環堵中聞仙樂駭空仰而視之見仙姑乘彩雲而過仙童玉女旌節儀仗擁導前後俯而告宜甫曰吾先歸蓬島矣

譚處端

譚處端字通正初名玉號長真子寧海人生而

隋非坐水上

骨相不凡六歲墮井則安坐水上又所居失火巨棟折於卧榻前師方熟寢呼而起之神情自若人已知其為異十歲詠木架葡萄有云一朝行上青龍架見者人人仰面看居家以孝義稱博學尤工草隸因醉卧雪中感風痺疾乃暗誦北斗經以求濟忽夢大席横空師飛起取之見諸星坐其上師拜之恍然而覺自是歸道之心遂決金世宗大定七年聞王重陽祖師在馬丹陽家徃師之祖師留同

陽神向
火獨坐

宿菴中。時大寒。祖師展足。令抱之。必須汗出。如置身甑中。明日以洗手餘水。滌其面。宿疾頓愈。後隨祖師之崑崙。一日寓新鄉府君廟之菴。尋復往衛州新鄉廟。廟官温六。忽夜見菴中燈火熒然。竊視之。則師向火獨坐。温拜於前。師微答。不言而出。温待師久不至。乃迹之。不知所在。急呼道衆。白其事。衆令朱四者詣衛質之。主人曰。先生自來衛。未嘗出也。朱回告其衆。乃知為師陽神也。後乞食磁州。一

二字比純陽辟火符

徃徒遷以拳擊師之口，血流齒折，而容色不變，但云謝他慈悲教誨。時重陽在關中，聞而讚之曰，一拳消盡平生業，師家所見有如此。過高唐縣，書龜蛇二字，贈茶肆人吳六者，吳乃懸之於肆。一日隣舍失火，多所延及，而吳肆獨存。人以二字比呂純陽辟火符。東遊至陽武，夜見北斗交換，星如車輪。語石孔目，今年此地當有大水災，是年河決，王洪埽後寓華陰，夢遇重陽册陽，報以飛仙之期，乃作長

短句一首書畢，曲肱而逝。有水雲前後集行世。

劉處玄

劉處玄，字通妙，號長生子。母夢白衣翁，指取玉樹金葉，葉忽墮于手，視之乃金蟬，飛入口中。師乃生。是夜紫氣二道，從大基山，橫貫其家。師弱冠，即不欲娶。一日於隣居壁間，得二頌，其墨尚濡，末句云。武官養性真仙地，須作長生不死人。是年重陽祖師與其徒丹陽長真

市上獄中兩存

氷上玉樹

自東而來。師與毋恭謁。祖師一見。問之曰。汝解壁間語否。因從祖師遊梁。註道德黃庭清靜等經。有駙馬都尉出鎮秦州。見歸向者甚衆。而不見有異于人。乃捕師下獄。俄市人見師於城南。初押獄鄭姓者。亦見之。意師越出。急往視獄中。師方熟睡。乃驚駭。具以所見白駙馬。亟令出之。泰和二年。主濵州醮。正月中旬。小雪初霽。古城濠氷上。現瓊葩玉樹千數若珊瑚之狀。尤多桃杏花。約及二千。衆皆以

為師之至誠所感也。次丹羽化。時春秋五十有六。有太虛安閑仙集、至真語録等集行世。

丘處機

丘處機。字通密。號長春子。登州人。幼穎悟。夙有道緣。年甫十九。遁居崑崙山。後聞王重陽祖師住寧海全真菴。即往師焉。相隨遊梁。未幾祖師羽化。與馬丹陽、譚長真、劉長生四人護喪葬之終南。廬墓三年餘。各任所適。金世宗召見。待之甚優。辭還終南。賜錢十萬。不受。元

久之金盡囊存惟鐵

太祖遣侍臣劉仲祿萬里迎之設二帳於御幄之東以居訪以至道師曰人生四十以上血氣漸衰宜脩德保身以介眉壽又諭以服藥獨臥之理藥為草精為髓去髓添草譬如囊中貯金以金易鐵久之金盡囊之所存者全鐵耳夫何益哉服藥者何以異此又言兵火相繼流散未集宜量免稅賦以蘇黔黎亦祈福之一端耳上悅命左右書之於策大寵眷之自古無比後辭歸乃賜以虎符凡道家

折贈梨花結實

事。一委神仙處置。一日持梨花贈張公去華。公養之瓶中。至秋結實二十有四。延祥觀枯梘一株。師以杖撓而擊之。云此梘生矣。及今榮茂。他梘莫及。至元六年六月。東湖水涸。此口山摧。師曰。其為我乎。九日登寶玄堂。留頌。書畢而逝。春秋八十。有磻溪鳴道集行世。

郝大通

郝大通。字太古。號恬然子。寧海人。少孤。事母甚孝。嘗夢神人。示以周易秘義。由是動曉陰陽

頭上石絲不動

律曆卜筮之術。重陽祖師。至寧海。因點化入道。後至岐山。復遇神人。授以易之大義。凡言休咎。無有不驗。嘗坐趙州橋下而不語。常爲小兒輩戲。累磚石爲塔於頂。囑以勿壞。頭竟不側。河水泛濫而不動。而亦不傷。如是者六年。其所守如此。崇慶元年。仙蛻于寧海。先天觀春秋七十有三。前此三年。令預修葬事。及期果然。

王處一

十母學仙

師傘堕菴前

王慶一寧海東牟人。號玉陽。母周氏。夜夢紅霞繞身。驚寤。是日乃生。兒時偶至山中。遇一老人。坐大石上。謂之曰。子異日揚名帝闕。為道教宗主。大定八年。遇重陽祖師於金真菴。請為弟子。後從祖師至煙霞。授以正法。其母亦拜祖師。願學道。號玄靜散人。一日師在鐵查山。祖師與丹陽輩在龍泉道中。時日方熾。祖師執傘而行。其傘忽騰空而去。自辰及晡。其傘忽墮於師之菴前。傘上有祖師手字龍泉

距查山幾二百里其神異如此師隱於雲光洞常臨危崖翹足駐立不移者數日人以鐵脚仙目之二十七年世宗徵赴闕凡所應對大副帝衷章宗二年又徵見於便殿問曰先生凡有所問而知之何也師曰鏡明猶能鑒物況天地之鑒無幽不燭何物可逃所謂天地之鑒即自己靈明之妙也上嘆曰清明在躬志氣如神先生之謂也七年元妃施道經一藏驛送聖水玉虛觀觀之水洞前有大

二擊不崩

石斜出數丈．俯其下．過者懼怯．衆欲去之．芟之數日．僅去百分之一．師笑曰．汝等安能辦此．遂躬詣其傍．運錘三擊．聲若雷霆．響震巖谷．其石乃墜．見者悚然．明年四月．師語門人曰．群仙已約我矣．乃沐浴冠帶．焚香朝禮十方而逝．有雲光集行世．

李靈陽

李靈陽．京兆人．為人沉嘿寡欲．博學好仙．遇仙授以抱一符火大册之訣．與玉蟾重陽二子

為友。嘗謂重陽子曰。予他日道化九圍。教行四海。非吾輩可及。一日丹陽挈丘劉譚三子。來謁。靈陽預留錢於終南食肆。曰。今日有仙客丘劉譚馬者。至則付之。四師至。食人道姓以邀之。丹陽笑曰。公何知予等姓氏。曰。李仙君預教。故知之。其先知如此。四子食畢。乃謁靈陽。以其為重陽侶。咸以師叔稱之。

李筌

李筌字定國。濟南人。一日往西湖淨慈寺。過長

淨慈食燒笋得仙

橋。忽于竹徑迷路。見一道人林下斸笋。箬揖之。道人問所往。曰將往淨慈。道人曰未須去。且來同食燒笋。食已甚美。俄風雨晦冥。失道人所在。少頃雨止。至寺門外。即覺身輕神逸行步如飛。及歸舍。不復飲食。乃入蜀隱青城山。其從兄李莫為梓州路提刑。使人至眉訪麦所在。眉守報書數年前已輕舉。乘雲而去今惟繪像存焉。

周史卿

補出
披焚

周史卿浦城人宋元祐中遇異人得養生之要
隱油果山二十年鍊丹垂成一夕風雷大作
丹已失矣遂出神求之謂妻曰七日復來有
一僧勸其妻曰學道者視形如糞土遂焚之
明日史卿來空中啞啞責其妻而去

宋有道

宋有道字德芳號黃房公沔陽府人行諸階法
無雲則能以符而行雲有雲則能披雲而見
斗故時號披雲真人一日遇丹陽授以金丹

火候秘訣行之兩年能一其身弗死因遊東海適元太祖召丘長春及諸真時公與十八人為之輔行公為首焉後以至道授太虛李真人寓燕之長春觀坐逝

李玨

李玨字雙玉崇慶州人既得黃房公金冊之道改名樓真號大虛即往武夷潛脩金冊七篇月而道將成乃回途道經龍虎山先夕雩壇有夢真人至者時久旱祈禱弗應次日真人

果至衆皆弗知惟妻者見一貧道人來曰是此人也衆請祈雨應時霑沛焉至真州玉虚庵結環而坐後出袠以道授張紫瓊屬曰金册宜潛脩大道當人授後入青城山莫知所終

張模

張模字君範德興人後刪道改名道心初太虚真人偶寓安仁縣春宮紫瓊求授金册太虚弗與纔而適市因見施丐錢三十文乃曰可

授已遂以金冊之道付之。次年復會真州始
全火候紫瓊既聞真要後以至道授于緣督
子趙君。乃即隱去。

趙友欽

趙友欽。字緣督。饒郡人。為趙宗子。幼遭劫火。早
有山林之趣。極聰敏。天文經緯。地理術數。莫
不精通。乃得紫瓊師授以金冊大道。乃搜群
書經傳。作三教一家之文。名之曰仙佛同源。
又作金冊難問等書。行于世。已巳之秋。寓衡

陽以金冊妙道授上陽子陳觀吾今衢州龍游縣治南二里雞鳴塔下尚有趙緣督墓存焉

劉腊

劉腊小字宜歌家貧好道無巾但總角不冠其兄瞻曰神仙遐遠難求廊廟咫尺易致不如求仕腊不能從乃長遊羅浮山後瞻登第屢歷清顯俄被謫南行次廣州腊冒雨来見瞻驚喜不勝腊顏如童瞻已皤然衰朽始謂腊

曰尙可償否瞻曰仙凡殊途援無及矣叙[illegible]
終夕忽失所在膽竟卒賊所
洪志
洪志不知何許人高才博學學道廬山常乘青
牛来往忽遇異人授以神方自是能明六甲
役使見神變化不測常携一小籃籃中脯果
取之無盡及宿旅舍時天寒人見其单服試
暗窺之見其於小籃内取出錦衾繡褥畢具
始異之後冊成僊去因名其常往來山谷爲

青牛谷焉。

莫月鼎

莫月鼎諱洞一字起炎湖州人生而秀朗肌膚如玉雪雙目有光射人入青城山丈人觀見徐無極受五雷之法又聞南豐有鄒銭壁者得王侍宸斬勘雷書秘重不傳乃委身僮隷事之會鄒病革將遣去月鼎拜且泣其以實告鄒驚嘆即以書相授於是月鼎名雷師常破鬼魅動與天合雖嬉笑怒罵皆若有神物

胡桃擲地成雷

從之者元世祖昔見時天色變霧帝曰可開雷否月鼎對曰可即取胡桃擲地雷應聲而發震撼殿廷帝為之改容復命請雨立至帝大悅賜以金繒月鼎碎截之以濟寒窶者性愛酒無日不醉醉輒白眼望天陰飈條條起衣袖間嘗與客飲西湖舟中當赤日如火客請借片雲覆之月鼎笑拾果殼浮觴面頃之雲自湖濱起翳于日下蕃釐觀道士中秋方會飲觴既舉有雲蔽月久不解月鼎時寓觀

果殼成雲

中。道士知其所為。急請赴筵。且謝過。月鼎以手指之。雲散如洗。山民為兒物所憑。狂不可制。月鼎以酒饌其面。兒即解去。寶餅師積餅於筐。時被精怪竊去。月鼎召雷轟雲中。斬胡孫首於市。一人娶婦。半路為白猿精所攝。至門但空車焉。月鼎禹步。如有指麾狀。狂風忽作。飄婦還舍。婦云。適在北高峰。何以忽然至此。七十三歲。一日屬其徒王繼華曰。明年正月十三日。將化於汝家。及期風雲雷雨電交

作索筆作偈書畢泊然而逝顏面如丹
張三丰
張三丰遼東懿州人名君寶字玄玄生有異質
龜形鶴骨大耳圓目鬚髯如戟頂作一髻手
持方尺一笠去袖寒暑御之不飾邊幅人目
為張邋遢日行千里靜則瞑目旬日所啖斗
升輒盡或辟穀數月自若也元末居寶雞金
臺觀辭世留頌而逝民人楊軌山置棺殮訖
臨窆發視之復生乃入蜀洪武初至太和山

日行千里

脩煉結庵於玉虛宮菴前古木五株師棲其下久則猛獸不距鷙鳥不搏人益異之後入武當常語鄉人云茲山異日當大顯於時也二十三年拂袖遊方而去太宗勅正一孫碧雲於武當建宮以候天順中贈為通微顯化真人或隱或見

鐵冠道人

張中字景和臨川人遇異人授太乙數談禍福多驗令人多秘錄其言常戴鐵冠因號曰鐵

穢進

太祖皇帝初駐師滁陽道人謁上曰天下大亂非命世之主未易安也以今觀之其在明公乎上問其說對曰明公龍瞳鳳目狀貌非常貴不可言若神采煥發如風掃陰翳即受命之日也上奇之留於幕下屢從征伐每令望氣以決休咎言出必驗鄱湖之戰陳友諒已中流矢死兩軍皆未知覺道人望氣知之密奏曰友諒死矣然其下未知猶為之

力戰請為文以祭使死因持往哭之則彼衆氣奪而吾事濟矣上從其言漢兵遂大潰

徐武寧王為列將時道人謂之曰公兩顴赤色目光如火官至極品所惜者僅得中壽耳後果以五十四而薨梁國公藍玉携酒訪道人道人野服出迎玉不悅因戲曰吾有一語請先生屬對云脚穿芒屨迎賓足下無礼道人指玉所持椰杯復之曰手執椰瓢作盡尊前不忠後玉以謀逆伏誅道人居都下數年

水解

一旦無故自投於大中橋水死乃水解也
上命求其屍不獲已而潼關守吏上奏云某月某日鐵冠道人策杖出關詳之正其投水之日也

周顛仙

周顛仙建昌人年十四得顛疾行乞於南昌三十餘忽有異言凡新官到任必謁見而訴之其詞曰告太平是時元天下承平日久將亂故顛先發此言也 太祖高皇帝每出顛必

三煆
無恙

向前遮拜亦每以告太平為言上厭之命沃
以燒酒觀其如何顛劇飲終不醉欲遂除之
顛曰公寧能死我乎水火金挺直若無耳乃
命覆以巨缸積薪煆之火熄啟缸正坐晏然
乃復煆之顛猶故也再加薪久煆之啟缸焰
煙凝缸底顛微撼其首即醒然無恙上乃
令寄食蔣山寺日與諸僧撓競月餘僧以奏
上言其異常與沙彌爭飯遂不食已半月
上便命駕幸視之顛乃謁上殊無倦容饑

又餓不死

色。上飯於翠微。命盛饌召之。侍食。既而令
繙且餓之。諭之以為清齋。僧因閉顛空室中。
米米不入口者二十有三日。上又自往諭
之。吾來為汝開齋。令諸將校。先饋之。衆爭進
酒饌。顛盡食之。既悉吐去。上命至侍食。仍
大飲。亦似有酣態。乃趨出先行。伺上還。伏
於道右。上至。顛以手畫地為圈。顧謂上曰。
你打破箇桶。做箇桶。已而王師狥九江。上
問顛。此行何如。對曰好。上曰。彼已稱帝。令

水怪見
損人

欲取之豈不難乎顛仰視屋久之端首正容握手曰上面無他的上曰汝從行可乎曰可[redacted]以所扶杖高舉趨前作揮擊狀以示必勝意行至皖城皆無風遣問顛顛曰只管行只管有風無膽不行便無風乃令衆挽舟不三里風起既而狂飈猛作倏忽達小孤上諭衆但聞顛言即來白至馬當江豚戲波中顛曰水怪見當損人多上聞之怒令持顛去投之江久之衆與顛俱來上曰何不死

之衆曰顛擲不能死上乃更與同食食罷
顛整容飭衣若遠行狀趨近上前曲腰伸
頸謂上曰你殺之上曰且未能殺姑縱汝
顛遂去莫知所之

冷謙

冷謙字啓敬洪武初爲協律郎郊廟樂章多其
所撰謙有友人貧不能自存求濟于謙謙曰
吾指一處所汝往焉愼勿多取乃於壁間畫
一門一鶴守之令其友敲門門忽自開入其

水遁

鎔金玉爍然盈目其友竊取以出而不覺遂其引他日內庫失金守藏吏疑庫中何以有遺引必此人盜也乃書其姓名令所在執其人訊之詞及譙因并執譙譙將至城門謂拘者曰吾死矣汝得少水以救吾渴拘者以瓶汲水與之譙且飲且以足插入瓶中其身漸隱拘者曰汝不出吾輩皆坐死矣譙曰無害汝但持瓶徑至御前上問之瓶中輒應如響上曰汝出見朕朕不殺汝譙對臣有罪

碎瓶片片皆應

不敢出。上怒擊其瓶碎之。呼之片片皆應。

竟不知所在。後有人於蜀中見之。

裴仙

裴仙。常寓閣老夏桂洲公家。一日夫人歸寧。裴拽其轎作兒嬉。至晚夫人卒。裴曰。余早知其不還也。公再相。裴亦言其不利。竟罹害。

赤肚子

赤肚子。不知何許人。自言中唐時人。年已六百餘歲。嘉靖年間。猶隱於北京西山中。

月輪墜牀

王曇陽

鳳洲王世貞撰文

曇陽大師者姓王氏諱燾貞曇陽其號也蓋皆
聖師朱真君所命云父學士錫爵是為荊石
先生母曰朱淑人始朱淑人夢月輪墜於牀
而孕一日侍姑吳淑人語而立生且無血時
學士甫捷應天解以師當桂祥遂名之曰桂
時嘉靖戊午十一月之二十一日也師產後
苦瘍疥晝夜啼膚色黃腫學士暗疑之有請

字者。輙不許。曰是尚未卜吾女敢卜婦而最後始許。忝議徐君廷裸之子景韶。師五歲。爲兒戲。輙剪紙作小幅。寫觀世音大士像者。拜焉。旦醒被中。誦彌陀百餘聲。而後起時時閉門。隱几獨坐。時萬曆之甲戌。師年十七矣學士業已趣具裝嫁且辦。而師乃洒掃淨室奉所携觀世音像。稽顙自稱名。願得長齋受戒。充弟子。朱淋人大驚。曰咄咄何物女。作何態。且安所欲。師曰欲了生死耳。朱淋人曰。歲

神燈有光

月間當為徐郎婦將遂負之耶師嘆曰嗟乎豈彼負哉彼固無我緣也朱淋人亦不敢詰之而介弟衡少於師三歲一夕從之嬉而師偶以石擊地鏗有聲久之有光若螢隱見柱燈間介是光連夜輒見而輒加巨或輪囷若輕雲或燦閃若電或散噴若墜宿或騰起若炬或晶白若凝霰或青紫若蘇鞨衡以白學士學士陰伺之具如衡語又旬餘師忽戒左右毋進飯飯吾吾不饑也學士憫而強之飯

則吐。乃別進諸果餌。則又吐。唯進少許鮮桃棗杏汁液耳。學士召醫脉之。師笑曰。兒故無疾。兒所以不飯者。夜夢一上真。挾五色雲下。凭几坐。撫白玉琴而無絃。左侍一女。年可三十而少。右侍一媪。年可七十而老。少者猜中坐者曰。此而所奉大士也。猜老者曰。此而導師偶霰嬃也。余則朱真君大士熟視女而哂。顧偶師焚香。香裊裊縷烟成篆書善字。真君謂兒速吸之。可却食證聖矣。自是醒。不欲飯

也。兒何疾。學士乃稍稍聽師意。自是真君與偶師。一再夕輒至。大士亦數夕至。皆於危坐時見之。以為夢。則境甚真。以為真。小不類。一

朱真君口授經

夕夢真君口授一編。曰法照悟圓靈寶真經。覺而能憶之。無忘。一月。徐景韶病死。朱淋人匿而謂師曰。吾与徐郎無緣者何。師愀然曰死久矣。朱淋人始為發計。師遂跣而哭。三月出其橐。則有成製縞服草屨。御之以見學士夫婦。是後諸真。又以不時至。朱淋人意不懌。陰

一夕稱生

灑猪狗血牀薦間冀以禳却之師乃謂學士真君有言吾曹非可禳却者且以節義成女名寧死詭也乃止俄而有芝產所居室前榮數百武豆麥黍稷之屬殆徧學士試謂師是固吉祥如燕中不能稱何一夕而稱生俄而並實師乃手採之以施鳥雀學士既遷國子祭酒師乃請別築一土室居之適廨傍一古槐滴如血師過而祝焉即止尋長至大雪師肅掃若有待者俄紅光二道從西南來群真

群真晝見

從之其上體極明了而下皆為白雲擁纍不可辨朱真君手拂師髻枞雪取金剛經為訂句讀解釋疑義移晷乃去蓋自是多晝見矣一日真君與偶師挾師神詣大士而覩所謂西天七寶蓮花座者問師佳否曰佳亦愛之否曰弗愛也曰審佳者胡弗愛師謝曰聞之師所授經語若以色求我不能見如來今此界者色也故弗愛也大士菩之師故寡言亦厭習苛禮乃創一龕置之樓而鍵之時時諷

習事以鍊性

誦金剛楞嚴諸經有所得輒書其隙若注者且周歲忽謂其弟衛曰心可謂矣我相人相俱忘之矣即出與諸姑姊輩俾委曲周詳時雜以諧浪諸姑姊人人相懽甚吴洪人疑之謂曰汝習靜久今逐種種相得無亂性乎師曰習事以鍊性不閒亂性也夫靜自女習之亦女識之心攝境則真空也為境攝則頑空也吴淋人異其咎然卒莫曉所謂久之師忽大悟覺腦中仙音縹緲自空而來先天氣融

冊成

出陰神

融周五臟遂成冊初僅若黍米已漸長若彈丸外類輕紗穀色正赤黃居恆罡下冊田時有所升降開出之掌熠然吐光彩自是水火絕不復進諸果矣已卯正月燕居深坐若有憂者學士怪問之師曰兒神乍一出而惝恍夢境數驚數喜豈其陰神耶夫陰神者鬼趣也余希上乘而性命之不俱徹如負吾師何是時不俟世與屏跡小祇園窩閉師之槼而心慕之適學士見訪語次不俟歎曰此天人

關也。雖然，神欲出而尼之離舍不易也。神已出而驚之返舍不易也。其機在吾子。學士歸而師果屬之父。幸毋它出。姑守兒。兒自光下垂面發赤，口鼻息俱斂。此神出也。慎毋令家人予窺我。亭午，神果出。學士乃屏息擁護以俟。及酉，而空中泠然若磬聲。師已醒矣。笑謂學士，兒幸無它。頃刻殆數百千里，山川草木、龍蛇、鳥獸之寓目者種種矣，而皆吾身中神也。今者內觀則萬象固森然也。夫度此關而

五陰之濁障蕩然解道舍我其屬哉乃謂學
士閉關期至矣別而登樓學士急與朱浚人
尾之不及若有重開者止三月忽下一赫麒
示學士曰兒今出者乃陽神也明日學士書
室案頭有朱麵桝橘橐栗游果餅幾二十種
墨書其修曰蕭貞子神出束南方至此學士
乃益心伏而會兩從女奴闢中庭便聲以白
學士急抉門隙窺師衣黄衣從樓上下倏忽
若飛鳥遍問師何奇乃爾師答曰兒鍊形久

537

且輕美學士喜乃固請啟關歌一見其面作

黃金色芒彩掩映丹唇如爛椹首槐雙鬢稍

稍談所得學士曰吾聞之陰神能見人陽神

乃能使人見若所此者陽神也即不斬使我

暨大父母母見之乎師曰可學士乃埽二室

一君大父封公而身以子衡從一君吳洲人

以朱洲人及子衡婦徙夜扃之仍錮其隙少

時風肅然則師至棚旁蘻語曰大父在耶四

頤是略巳徘徊几案間父之乃去而吳洲人

兩居室其語亦如封公比發燭視儿上各有
玉韽篆書真言三紙以犀象盒鎮之語秘不
傳然多勸行善積慶意也學士復謂師此但
聲聞耳能一形見我乎請具燭師曰何必燭
也具戒學士朱洲如前夕俟至夜半師復来
口吐光若電俄成青金色照耀滿室而中擁
人影不甚辨學士不竟失聲師遂去翌日謂
學士識此光乎此法身中真火人人有之不
能現耳父雅嚮道何不一反求苟有求兒得

539

先容於聖師學士大喜曰幸甚師又曰若歆

一接聖師及列真乎學士則又大喜曰幸甚

師乃期以三月之望召學士於樓之外門擁

門隙屏息以俟良久聞樓中珮環聲琤然師

瞥下樓掃室焚香布坐尋群真入咸輕飀崔

躍而獨有緩步相次入者則蘇元君朱真君

也師叩首皆下已微語語不可得聞而諸真

衣有紫者綠者碧者青者古色者白者獨元

君真君施錦文帶高過領綠兩肩而下盤要

540

至足其文非綺非繡爛爛五色不可名狀元

君真君每出入故緩若使學士識之而領以

上則擁于袖不獲面以為恨將行呼法水灑

四壁而是時師要世貞上誓帛其父在師所

真君見而語師曰浙弟子可憐也為日使之

一見可乎乃以孟夏之二日呼世貞偕學士

見見伏及灑法水共如前獨真君右郤迎門

隙作洪語曰不要悔不要悔蓋群真別而門

啟世貞入叩首庭中師啟一牌曰王君迎聞

541

真君之誨乎哉世貞復再拜乃少與談化事

及龕見托語畢出蓋世貞始獲謁師次月余

弟世戀歸自觀以啓白願共酒掃役師報許

時世貞與學士謀買地城之西南隅少僻且

有水竹之屬築數椽以奉上真而茅齋翼之

冀宕日得謝喧以老而師許之曰吾蜕而龕

歸是因署其榜曰雲陽恬憺觀恬憺者師師

縣成道指也署書表裏作龍蛇二篆古雅整

麗勢欲飛動遂為天下冠仲夏之十三日學

542

士尚卧未起師忽盛服冠玉佩劍揮塵侍於

牀時所歷門距樓凡七扁鏑猶故學士驚卬

之師笑不答云導我至大父毋所當有言

至則請於大父封公曰緡者未敢言今幸而

道有成將謝世去願得一至徐卿墓而瞯焉

封公變嚙未詐師跪移時不肯起學士從傍

史之乃許因密問師同時至予曰未也俟畢

謁上真而後行耳是月末朱真君以信約謁

觀世音大士大士召至榻前諭之曰汝冥心

契道不發吾解脫良哉母久戀塵世也已而

謁元君真君於集道宮宮四周皆雲氣螺繞

之上不覩日月而恆有光如晝其地無塵砌

色正白縈爛不容嚼棟柱亦不類竹木而螺

文斜上紅錯可愛師即謁謝斂語移日惟時

時呼天酒進之亦曰天漿芬芳清滑不可名

狀六月三日乃謁金母之一慶四周皆積水

白雲瀰瀚五彩間發不辨天地中有宮闕宏

麗光顯大約如集道宮而過之師待命久不

得報喻曰而真君至乃與群真入師亦遂入

真君前為師叙致始末師伏謁如禮金母隆

色慰勞曰子良苦何修而遂證此道也師起

立群真後覩金母狀貌非常端美左右列女

真數百交相賀曰益一仙悒矣亦有舉手賀

師者左班之首曰毛夫人貌稜稜可畏其三

曰南真魏夫人師故所崇奉者乃前禮夫人

問何以見禮曰慕天真道久太人業然曰道

固有勝我者其樓師溫甚尋金母駕起六報

謁真君於集道宮群真従其下體皆玉色霙
擁之亦不見身動而俄忽已達宜府坐建師
復前謁金母乃顧左右啓箱出黃色天衣一
襲賜師衣如綾錦而不見鍼跡服之則緊束
稱體凡曰以禦寒暑也又錫金鐲二色紫環
鑄梵書十餘如印文師拜賜歸以語學士極
詳至十日師謂學士可戒舟矣十一日四鼓
其縞素服御冠劍畢乃乘竹兜子與學士七日
行抵徐墓其虨饌為祭出袖中朱篆焚於爐

前後行八拜禮立而四睨者食頃乃詣享室

指庭之東北隅曰是佳地吾不歸矣遂以一

氈據地而坐自是止宿不復移足不令有蓋

覆時暑方酷師蒸烈日中夜則當風露蚊蚋

蝟嘬之撫而笑曰不受若蝟者五載矣居數

日學士強之歸一日戲謂弟衡若歆我禪者

化乎將道人化乎女知二氏之化而不知而

儒者化夫乘理而去則王化一也九月二日

密問學士龕成否東九吾期也世貞乃已戊

龕而少參公治柵　主外為廟屋以仆

其又三日即趣所為高坐召世員等之俑弟

子者若而人女弟子亦若而人以後先見各

有誨勵語質明發八戒以援世貞使張之壁

首愛敬君親次戒止淫殺三憐恤孤寡四和

光忍辱五慈儉惜福六敬慎言語不談人過

七不蓄讖緯禁書八不信師巫外道及黃白

男女之事讀者謂其覈而端樸而要悉而弗

苟淺而有深肯蓋生人之大紀備矣即老氏

三寶佛氏五戒胡能豃也其曰乃見諸薦紳

先生四民緇黃以下至頒孺可萬餘人明日

後倍之其最後謁者出進學士及弟衡語甚

詳唯世貞亦與焉睨學士久之忽淚交於睫

世貞乃進曰非所望於吾師也遂止淚逆收

上穆然而巳其又明目具香案遍拜宗祖畢

乃悉拜其大父母父母而學士與朱泓人哭

失聲夜三皷謀與學士偕之墓祭徐主而田

中誦佛號者塔焗乞萬煇晃朗又時㭔驚大

仙出師乃帕角、間遊坐墓投祭奠、怒抽刀

割右髻於几日、吾以上真見尻、沁復死、遺蛻

來即朽、不獲葬、此髻所以志也、為我謝鄉議

君幸啟徐卿之逵而樹之君子闔師之為夫

婦綱也、歸懇享室、作書十餘紙、裕竟獨挽右

醫披故衣、復西向拜者舜蓋是時鄉竹鄒仙

姊來迓故也、乃曰吾左醫曇陽風小仙吾行

甚道遙、諸觀者亦羨之耶、則胡不早囬首遂

入龕出所書遺教、及辭世歌偈贊凡四紙以

550

授封公及學士一紙以授世貞復命女僮傳語吾曇
鸞菩薩化身也以欲有所度引故轉世耳左手結印母
執劍右手握麈尾端立而眼聞柵外哭復張目曰母
哀也遂復瞑瞑半時許兩頰氣蒸蒸微作紅潤色而
亦少豐下而方以故貌師者其居平與化時少異師
所自題有三山眉影珠目虎齒方脣影珠目者每入
之時兩睫以上各有光隱趐若珠其所可彷彿貌者
眉耳時午麜垂欲昳二白虹長亘天額憤觸楊枝水

閃閃皆金沙又類列星劍頭火大於升遠近皆見之

又見二黃蝶自龕邴盤旋久之始去師歌有一雙蝴

蝶空櫚櫚語咸以為慈應也又喩時且開龕世貞乃

從諸弟子謁辭且泣且自矢而師手劍忽掫起目微

張肩以上隱隱動則亡不人人股慄悚感也退而戲

緘紙邴以訓敕勉屬者二百許言洋洋乎陟降左右

矢頭之移龕就視籠中絶無有也籠已開如故時櫚

以外三方可十萬人拜者跪者哭而呼師者稱佛號

者不可謄記龕止享室中遠邇　進香膜拜日夜累之

不歇師化之旬有六日而見夢於學士曰呼玉子來

我欲有所言世貞乃馳而詣學士與抵足寢則皆夢

師來凡再皆夢師來狀貌不可復覩而音聲琅然訓

勅懇切其兩以語世貞者微少於學士然亦骨肉父

子不啻也惟云吾道無它奇澹然而已嚮語若囿靈

根去嗜好薄滋味寡言語久而行之即不得毋厭倦

稍有得毋遽沾沾喜自以為得則終弗得也吾今長

去若美雖然吾實不去若若與吾父左提右挈以後

事大道母貞吾誓不舍吾父與若獨成也問雲鸞菩

薩何人師默不應已而曰鄒娣迎我而以真君之命

命我言久當自知之又問蛇何適曰鄒娣袖而歸靖

盧美菲若曹肉眼所觀也前是學士以師甲戌遇道

至道成而拜金母賜目有紀且裹美以示師師目而

鎬之一日忽焚之學士乃不敢復言至是請曰而固

不蘄名然衆何竟泯泯不一為學人地耶且今人間

世務鈞隱乎怪不乏矣彼其逞臆於七寸之管者何

限也師頷曰然奚為而可學士曰吾欲自傳之則避

親欲王子傳之則避踈親則比踈則寡徵母乃使王

子傳之而吾豈草可乎師復頷曰然學士泣世貞拜

亦泣尋醒而與學士交相質無藥也又喻月而奉龕

歸觀之明日世貞與諸弟子過學士謁師成道廬徙

徊於庭而得師所鑿井歎曰惟學士與世貞得飲之

世戀亦與沾焉而師今何在也詭下汲弟子十餘人

555

人盡一漱甚甘洌也家人後者就詬口之則餘水濁

笑以視井井亦濁扵是俱悚息再拜出學士為封并

而又旬日偶閱佛藏經得所謂曇鸞大師傳者大師

未詳何氏雁門人十四遊五臺金剛窟有靈異感遂

祝髮事浮屠注大集經未就屬羸疾乃歎曰欲求道

而以危脆之軀承之計不亦左扵是習養生而聞

江南陶隱居先生有仙藥方渡江謁梁武帝扵重雲

殿機鋒駿發立傾萬乘為傳之陶先生所盡與其方

十卷後見三藏菩提流支悟而舍屏遂修西方十六

觀精誠之極感異香滿空天樂徙西來隱几而化魏

宣武異之目之曰神鸞而為立碑紀德淨土文亦紀

之夫鸞師化屈指至於師千十七年美或徙或來真

不思議界也師生而專凝靜謐外若示不慧者而中

實了了其始受書不盡二卷識人間字十不能一二

而既得度上真一切洞徹六經子史趣老筆舌間無

骸窺所自它注故兩藏與義往往超然有獨得者即

耆宿揔持弗逮也其持論恒依倫物尤能察人情識

常變學士雖冲虛負大人器而剛腸疾惡每自慢不

能藏汙垢如食在口必吐之師委曲而藥其偏不調

不止以故學士每謂世貞毋論大道即事事吾良師

友也師之役國子舍而見衡讀論語亦取讀之曰異

哉此何書將毋聖人言乎我衡曰論語也師曰我固

知聖人言它人不辨也又奉中庸語學士天命之謂

性一語而冒天下之道矣試為戴章一論毋作朱氏

解也學士沮不敢下筆亦不敢重質之至今以為恨

又曰毋意毋必毋固毋我有味乎茲所以為孔子乎

勿正勿忘勿助孟氏庶幾荷擔矣又曰道自和光入

者乃真門也自無欲速修者乃真路也自不妄語始

者乃真芽也貢高以求異名蹴分以示異證沈五欲

海而托菩薩行彼執彼執學士當徐容求道師曰但

於十二時檢點身心中過而已學士漫應曰覺未有

過在師喝曰此一念即過也學士大愧服而無心有

之讀宗鏡錄學士過而拈南泉論六祖衣鉢公案令

作數百許言以報師唉曰近矣而秉也手一札示之

大暑謂如衆三十二相皆後無相得無相莊嚴皆由

無心作心靜神凝自然之理然後可以當空遊火紅

如血次聞獅子吼三聲繞得如意珠照破萬象森然

所論衣鉢雖即心見道尚未見道尚未見性成真無

忽有得之為汗下浹體三日不能寢食里有蕭媼者

故上虞丞與成婦年八十矢日杜門誦佛書雖家人

輩不知其異一日過師見餐栢枝而嘆曰是不食耶

何必栢枝食耶何必不栢師師遽棄之而呼媼與

深語匕何媼以一封囊使遺師師不裝曰此別我也

尋媼示微疾半其體柔如兜羅綿而師始裝封果別

語也後師神遊歸語學士近見蕭媼是猶在修地也

而初果證矣師之棲徐墓時薦紳先生慕後者茷戲

於學士以希一言之規學士為茷臾師庶不容已則

察其人可與言者而授之言其精若獅乳之散酪要

君烏號之破的毋不心折意餒而去其示管鴍金志

道云上才學道心欲詹欲死欲愚夫道者知學絕學

善用無為以誠而入以默而守示趙檢討用賢云行

人所難行是男子事忍人所難忍是聖賢事道人魯

記父母未生前遺下玄珠即令霜降水落時任君自

覓示瞿太學波穆云心死欲生心生欲死既死既生

欲不死不生古人千篇文字令人證在何處示屠青

浦云大美無美至言無言君直道多聞道之所不弃

亦道之所不載智者不自知知之不言言之不文即
此道機也示沈修撰懋學云人道修身聖道修神神
在身中以有情為運用以用情不用為修持凡好名
好事交際往來分別是非一切種種撼持善趣亦屬
塵緣示張貢士厚德云欲了生死先了此心無欲無
為即心即道示張茂才定安云太上無生次達生次
貴生次伐生而寂後貽書別家弟寬副世懋宸詳其
大要謂道包天地離有無不出澹之一字存其實則

563

務匿其名自信篤不論人未信既承道門即可便當

專志凝慮以待機緣之至向人且勿言色且勿動若

愚者昏和光混俗而內念凜凜常如帝師對面乃真

學道者也又云吾行之後為官求道俱不可着一分

濃豔氣鳴呼知言哉是數君子者世所稱賢貴知名

長者迎其齒即最少亦視師倍皆壯面顧風而稱天

師千里之內有及弟子籍有不及者至於今睡叩未

既也師初不為書既書而八法皦然超灑自得時時

臺尊玄居

在山陰永興堂室間至蔡邕篆則倉頡以至碧落陽

冰近七十體而天圓釆陽之類出自三元八會者不

與鳥每謂學士兒篆法受之崔娉然僅一習獨飛白

至再習為崔娉所嘆世貞故嗜法書嘗見師篆而悅

之頗出篋中佳紙墨求書師既許而謂學士彼柰何

不好字義好字跡不敢心師敬經師以該世貞不敢

數、請而所書金字心經惺命三十二體以貼世貞

及如來七十二字陰符諸經留學士者吾不知三目

老翁如何於籙斯大徑庭矣學士間謂師何而受書

與文義所由解師曰此皆妙明中物唯靜而無欲者

舷一以貫之師而教人習金剛心經黃庭內景道德

陰符以為身心要謂恭同悟真不言黃白男女而諸

解者流而為黃白男女以候世人故於八藏未志之

而不巫、令人受以此　　王世貞曰余嘗讀真

語觀南嶽紫微諸真所周還司命楊君者庶幾與師

邁壻然彼不盡日見見不令它人跡之而其語僅口

566

噫至楊君乞一真文之書而不可得爲天屢屢身中
事而已柞竺乾聖諦了無涉也禪者言性怡而不及命
玄者言命而不及性儒者言有而不及無至於求季
若譬矢瓚瓚者借世法而符籙之竊世贏而服食之
欲以是超世而垂不朽抑何蠡管測也淨明依忠孝
悟真趣禪那祖庭及中庸見哦爲鯖五葅焉雖然猶
不能無芥蔕闕也若乃礬欲帝真胎籍塵渾光顯慱
大精微要眇悟性至命並行不悖如洪河飲如甘露

濯方外得之以涸三光方內得之以維九有則舍我
師奚適耄夫鸞師之在因地亦遼邈矣忽徃忽來屈
伸臂頃以是知古先生之語毋誰也不然而我阿那
婆羅吉低輪胡以降至尊而喋呭濁世教學士謂世
之操觚翰以求後事師世誹鮮吾紀之十不餙一臆
也暑矣然而不敢諐也世頁則曰奉師諱無務文其
言今傳之陋矣然而不敢餙也夫不敢餙不敢諐以
偶有傳而後之志道者縮縮如有循牆可以敎師一領也已

廣列仙傳／（明）張文介編輯--影印本--臺北市：臺灣學
生，民 78
20,568面；21公分--（中國民間信仰資料彙編第一輯；
4）
ISBN 957-15-0017-8（精裝）：全套新臺幣 20,000 元

I （明）張文介編輯　II中國民間信仰資料彙編第1
輯；4
272.08/8494 V. 4

第一輯　　中國民間信仰資料彙編

主編　李豐楙　王秋桂

廣列仙傳（全一冊）

編輯者：明・張文介

出版者：臺灣學生書局

發行人：丁　文　治

發行所：臺灣學生書局
臺北市和平東路一段一九八號
郵政劃撥帳號○○○二四六六八號
電話：三六三四一五六

本書局登記證字號：行政院新聞局局版臺業字第一一○○號

印刷所：明國印製有限公司
地址：台北市桂林路二四二巷五七號
電話：三○八九八二○

香港總經銷：藝文圖書公司
地址：九龍又一村達之路三十號地下後座
電話：三一八○五八○七

中華民國七十八年十一月景印初版

27203-4

版權所有・翻印必究
ISBN 957-15-0017-8（套）